La première année de mon enfant

Révision: Nicole Raymond

DISTRIBUTEURS EXCLUSIFS:

• Pour le Canada et les États-Unis:
MESSAGERIES ADP*
955, rue Amherst,
Montréal, Québec
H2L 3K4
Tél.: (514) 523-1182
Télécopieur: (514) 939-0406
* Filiale de Sogides ltée

• Pour la Belgique et le Luxembourg:
PRESSES DE BELGIQUE S.A.
Boulevard de l'Europe 117
B-1301 Wavre
Tél.: (010) 42-03-20
Télécopieur: (010) 41-20-24

• Pour la Suisse:
DIFFUSION: ACCES-DIRECT SA
Case postale 69 - 1701 Fribourg - Suisse
Tél.: (41-26) 460-80-60
Télécopieur: (41-26) 460-80-68
DISTRIBUTION: OLF SA
Z.I. 3, Corminbœuf
Case postale 1061
CH-1701 FRIBOURG
Commandes: Tél.: (41-26) 467-53-33
Télécopieur: (41-26) 467-54-66

• Pour la France et les autres pays:
INTER FORUM
Immeuble Paryseine, 3, Allée de la Seine
94854 Ivry Cedex
Tél.: 01 49 59 11 89/91
Télécopieur: 01 49 59 11 96
Commandes: Tél.: 02 38 32 71 00
Télécopieur: 02 38 32 71 28

La première année de mon enfant

Avec bébé au jour le jour

MONIC DIOTTE

À l'enfant de tes rêves.
Et aussi, à Marie,
Béatrice,
Olivier,
Philippe,
Élodie.

À l'amour entre tes mains
de caresses
comme les replis de velours
dans le lit de tes bras…

Tu as donné la vie
aux rondeurs de la terre.

Comment utiliser votre agenda

Cet agenda contient une foule de renseignements utiles. Il vous accompagnera tout au long de la première année que vous vivrez avec votre enfant. Vous pourrez y noter rendez-vous d'affaires et visites chez le médecin, mais aussi vos sentiments, vos ré- flexions et tous les petits et grands événements qui marqueront la vie de votre bébé au cours de cette première année. Vous passerez une année extraordinaire à découvrir chacun de ses gestes; faites en sorte de n'en rien oublier.

Ceci est un agenda perpétuel. Le premier mois commence le jour de la naissance de votre trésor. À la page de la première semaine, vous pouvez donc inscrire la date dans la case correspondant au jour de son arrivée. Écrivez ensuite les dates une à une jusqu'à ce que bébé ait un mois, et ainsi de suite.

Par exemple, la date de naissance de Lissa est le 14 février, un mercredi. Sa mère inscrit le nombre 14 dans la case correspondant au mercredi de la page de la première semaine. Elle note ensuite les dates suivantes à mesure que les semaines passent.

Cet agenda comprend aussi plusieurs pages où vous pourrez noter des renseigne- ments utiles: gain de poids de bébé, premier sourire, première dent, événements importants, visites et cadeaux de naissance, etc. Une fois rempli, ce livre deviendra un souvenir merveilleux pour vous et votre enfant. Lorsqu'il sera plus grand, il adorera le regarder et découvrir par vos yeux ses premiers mois de vie.

Identification

Identification des parents

Mère: .... Père: ....

Adresse: .... Adresse: ....

....

N° de téléphone (rés.): .... N° de téléphone (rés.): ....

    (bur.): ....   (bur.): ....

....

Médecin traitant: ....

    N° de téléphone: ....

Identification de l'enfant

Nom: ....

Date de naissance: ....

Médecin traitant: ....

    N° de téléphone: ....

Renseignements généraux sur l'enfant

Groupe sanguin: ....

Allergies: ....

Médicaments prescrits: ....

Notes: ....

....

En cas d'urgence, prévenir:

1. Nom: ....

    Adresse: ....

    N° de téléphone: ....

    Lien: ....

2. Nom: ....

    Adresse: ....

    N° de téléphone: ....

    Lien: ....

Renseignements

Numéros de téléphone importants

Urgences médicales: le jour: ....

la nuit: ....

Ambulance: ....

Taxis: ....

Consultation: pour maman: ....

bébé: ....

allaitement: ....

allergies: ....

autres: ....

Pharmacie: ....

Centre de santé: ....

Dates importantes

Bébé est né le: ....

Bébé a souri à maman le: ....

à papa le: ....

Il a eu son premier rire le: ....

Il s'est retourné seul le: ....

Son premier mot: .... le ....

Il a fait sa première dent le: ....

Il s'est assis la première fois le: ....

Il marche à quatre pattes le: ....

Il boit dans une tasse le: ....

Il se tient debout le: ....

Il fait ses premiers pas le: ....

Sa première phrase: .... le ....

À ma naissance

Photo de moi à ma naissance

Je m'appelle: ....

Je suis né (e) à: ....
(lieu)

Je pèse .... kilogrammes

Je mesure .... centimètres

Mes yeux sont ....

Mes cheveux sont ....

Mon signe astrologique est ....

Prennent soin de moi

Ma maman: ....

Mon papa: ....

Mes frères: ....

Mes sœurs: ....

Ma marraine: ....

Mon parrain: ....

Mes grands-parents: ....

....

....

Mes amis (es): ....

Les visites médicales

Date: ....

Âge de l'enfant: ....

Poids: ....

Vaccin: ....

Points à surveiller: ....

....

Sujets à aborder: ....

....

....

Questions à poser: ....

....

....

Remarques: ....

....

Les visites médicales

Date: ....

Âge de l'enfant: ....

Poids: ....

Vaccin: ....

Points à surveiller: ....

....

Sujets à aborder: ....

....

....

Questions à poser: ....

....

....

Remarques: ....

....

Les visites médicales

Date: ....

Âge de l'enfant: ....

Poids: ....

Vaccin: ....

Points à surveiller: ....

....

Sujets à aborder: ....

....

....

Questions à poser: ....

....

....

Remarques: ....

....

Les visites médicales

Date: ....

Âge de l'enfant: ....

Poids: ....

Vaccin: ....

Points à surveiller: ....

....

Sujets à aborder: ....

....

....

Questions à poser: ....

....

....

Remarques: ....

....

Les visites médicales

Date: ....

Âge de l'enfant: ....

Poids: ....

Vaccin: ....

Points à surveiller: ....

....

Sujets à aborder: ....

....

....

Questions à poser: ....

....

....

Remarques: ....

....

Les visites médicales

Date: ....

Âge de l'enfant: ....

Poids: ....

Vaccin: ....

Points à surveiller: ....

....

Sujets à aborder: ....

....

....

Questions à poser: ....

....

....

Remarques: ....

....

Les visites médicales

Date: ....

Âge de l'enfant: ....

Poids: ....

Vaccin: ....

Points à surveiller: ....

....

Sujets à aborder: ....

....

....

Questions à poser: ....

....

....

Remarques: ....

....

Les visites médicales

Date: ....

Âge de l'enfant: ....

Poids: ....

Vaccin: ....

Points à surveiller: ....

....

Sujets à aborder: ....

....

....

Questions à poser: ....

....

....

Remarques: ....

....

Mes premières photos

Mes premières photos

Le premier mois

Un cri, et c'est parti!

Merveilleux, ce petit être que l'on vient de déposer sur le ventre de sa maman. C'est le plus beau bébé du monde! Fille ou garçon, cela n'a plus aucune importance: lorsqu'il lance son premier cri, vous savez qu'il est vivant, qu'il est votre enfant et que vous êtes ses parents pour toujours. L'émotion atteint son paroxysme. C'est votre victoire à tous les trois: bébé, papa et maman peuvent enfin se voir et se toucher.

Vous avez peut-être envie de chanter, de laisser couler une larme, de vous blottir dans les bras de votre conjoint, de serrer bébé tout contre vous. Vous sentez une poussée d'adrénaline qui vous fait oublier les efforts des dernières heures et votre fatigue.

Bébé découvre le monde blotti contre vous. Fatigué lui aussi par l'épreuve qu'il vient de traverser, il vous fait cadeau de son premier regard curieux. Vous parliez de lui depuis neuf mois, vous l'attendiez impatiemment, et le voilà! Toutes vos peurs s'envolent, faisant place à la fierté. Vous caressez doucement bébé en lui souhaitant la bienvenue dans notre monde.

Votre petit trésor a un réflexe de succion inné. Si vous désirez l'allaiter, c'est le moment de lui offrir le sein pour la première fois. Certains bébés s'en emparent d'instinct et se montrent immédiatement habiles, tandis que d'autres ont besoin de quelques jours pour le prendre correctement. Il en va de même pour les bébés nourris au biberon. Soyez patients, ça viendra!

Bien différent

Le nouveau-né est bien différent de l'adulte dans son anatomie et dans ses réactions physiologiques. Dans ses émotions aussi, sans doute! Il vient tout juste d'arriver d'un monde où tout était sombre et douillet, où il ne ressentait ni le froid ni la faim…

À la naissance, le nourrisson est recroquevillé, toujours en position fœtale. Parfois allongée et asymétrique à la suite du passage dans le vagin, sa tête paraît disproportionnée par rapport au reste du corps. Au cours des premières semaines, sa peau changera: le léger duvet appelé lanugo qui la protégeait dans l'utérus disparaîtra, tout comme les rougeurs.

Bébé a de puissants réflexes à la naissance, qui s'effaceront eux aussi avec le temps. Le meilleur exemple en est le réflexe de préhension: placez un doigt dans sa paume ou sous son pied, près des orteils, et bébé l'agrippera de toutes ses forces.

Le nouveau-né a besoin de soins, mais aussi d'un milieu stable. Il n'est pas nécessaire de chuchoter quand il dort, mais mieux vaut faire régner le calme autour de lui.

Le deuxième mois

Dodo, l'enfant do…

Il n'est pas toujours facile pour les parents d'interpréter les pleurs de leur nouveau-né. Il a faim? Il a froid? Il a mal quelque part? Ou alors il s'ennuie, tout simplement? De toute façon, pour le calmer quand il a été bien nourri, la solution est souvent de le prendre dans vos bras. Il y trouvera l'attention et la chaleur qui lui sont nécessaires, mais aussi, le mouvement et le son rassurant de votre cœur lui rappelleront la vie utérine. N'ayez pas peur de le «gâter» avant l'âge de trois mois au moins. Bébé est beaucoup trop petit pour être manipulateur. Et n'oubliez pas que, si bébé pleure, ce n'est pas pour vous embêter. C'est son seul moyen de communication, un système d'alarme efficace pour manifester ses besoins.

En général, le bébé dort de 18 à 20 heures par jour. Le hic, c'est que ces heures de sommeil — heures de paix pour vous — sont fracturées en périodes plus ou moins longues… et souvent trop courtes! Bien sûr, le nouveau-né ne fait pas encore la différence entre le jour et la nuit. Rester constamment à sa disposition n'est pas facile, surtout lorsqu'on a déjà un autre enfant, ou plusieurs autres!

Essayez d'établir un équilibre entre les besoins de la famille et ceux du bébé. Courir au premier cri, au premier hoquet, vous rendra esclave de la crainte. Ne vous inquiétez pas, lorsque bébé aura vraiment besoin de vous, il vous le fera savoir bruyamment. Surtout, n'allez pas le réveiller parce qu'il dépasse d'une heure ou deux le moment de son repas, à moins qu'il ne soit petit et que votre pédiatre vous ait recommandé de le faire. Bébé traverse plusieurs phases de sommeil, et si vous le réveillez au mauvais moment, vous risquez de nuire à la qualité de son repos par la suite.

…l'enfant dormira bientôt

L'apprentissage des quatre premières semaines a permis à bébé d'apprivoiser ses organes tout neufs. Sa respiration est plus régulière et plus profonde. Sa température se maintient plus aisément, et son petit cœur est plus calme.

Il vous suit maintenant des yeux et distingue l'ombre de la lumière. Un soleil trop fort le fait grimacer. Les objets qui bougent, comme son hochet, l'intéressent. Il reconnaît certains sons ainsi que des odeurs familières: celles de papa, de maman, du lait…

Enfin, votre trésor vous a adressé un premier sourire! C'est le bonheur. Les nuits sont plus calmes: il se réveille toujours pour boire, mais en général il le fait plus rapidement et se rendort sans problème.

Le troisième mois

Au centre du monde

Toutes les sensations agréables que connaît bébé passent par la bouche. Sucer est pour lui un besoin essentiel. Le plaisir de sentir le lait tiède couler dans sa bouche est au centre de son univers. La succion lui permet de développer ses muscles faciaux et elle facilitera plus tard l'apprentissage du langage.

Vous ne nuisez pas à votre bébé en lui donnant une sucette, au contraire: vous le rendez heureux. Ce petit objet que l'on tâchera de ne jamais oublier à la maison quand on ira se promener peut lui épargner bien des pleurs…

La confiance et l'amour

Mis à part le lait, bébé a surtout besoin d'amour et d'attention. C'est en les lui prodiguant à foison que vous lui permettrez de développer sa confiance dans le monde qui l'entoure et, par le fait même, sa confiance en lui-même. En prenant soin de lui, en répondant à ses besoins lorsqu'il les manifeste, vous créez un environnement accueillant. Il a faim, vous le nourrissez; il a froid, vous le couvrez; il a mal, vous le soignez, vous le cajolez. Il se sent entouré et, à mesure qu'il grandira, il abordera le monde avec confiance.

Votre enfant a besoin de vous pour grandir et se développer dans un environnement sain et stimulant. Chaque caresse, chaque regard, chaque parole que vous lui adressez lui permet de prendre contact harmonieusement avec le monde. En lui parlant le plus souvent possible, même s'il ne peut vous répondre et même s'il ne comprend pas le sens de vos paroles, vous participez activement à son développement. Par ailleurs, vous découvrirez très tôt qu'il comprend bien plus de choses que vous ne l'auriez cru!

Un membre de la famille

Votre bébé de trois mois reconnaît les visages qui lui sont familiers. Il préfère d'ailleurs regarder un visage plutôt qu'un objet. Lorsqu'il aperçoit ses parents, il s'agite et sourit, manifestant son plaisir. À la vue du biberon ou du sein, il écarquille les yeux et ouvre la bouche.

Depuis quelques semaines déjà, il produit de vraies larmes: ses glandes lacrymales fonctionnent. En général, les bébés de cet âge pleurent moins qu'auparavant. Chez ceux qui en souffraient, les coliques disparaissent doucement. Bébé dort moins d'heures par jour, mais les périodes de sommeil ininterrompu s'allongent. Les parents fatigués voient se rapprocher le jour où ils pourront enfin dormir une nuit entière.

À cet âge, bébé peut suivre un objet des yeux et essayer de l'attraper. Il cherche la provenance des sons. Il adore s'asseoir dans son petit siège et regarder la maisonnée s'affairer. Il émet de petits sons et peut même éclater de rire. C'est sa façon de vous dire qu'il fait partie de la famille.

Le quatrième mois

Préparer le retour au travail

Retourner au travail est un pas difficile à franchir quand on a un petit bout de chou qui nous attire comme un aimant à la maison. Il est toujours un peu angoissant de laisser son trésor à la garderie ou à une gardienne, surtout lorsque c'est le premier bébé.

Il est important pour la mère de se préparer physiquement et psychologiquement à reprendre le travail. Rien n'est plus comme avant. Vous aurez beau confier votre poupon à quelqu'un pendant vos heures de travail, vous devrez vous en occuper le soir, lui donner le bain, le biberon, vous charger des courses, du ménage, du lavage, vous lever la nuit… Ouf! Même à deux, en partageant les tâches avec votre conjoint, la vie ne sera pas de tout repos.

Certaines mères partent travailler l'esprit tranquille, ayant confié leur trésor à nul autre qu'au papa, qui a pu se prévaloir d'un congé de paternité. Mais c'est loin d'être le cas de toutes. (Pour le choix de la gardienne ou de la garderie, voir «Le cinquième mois».) Préparez doucement votre bébé à la transition en le faisant garder quelques heures à la fois au début. Observez ses réactions lorsqu'il est en contact avec d'autres adultes; vous pourrez ainsi ajuster votre comportement de façon à lui faciliter la séparation.

Un *bébé en transformation*

Bébé change tous les jours. Ce n'est déjà plus un nouveau-né; il a grandi et a pris des forces. À quatre ou cinq mois, il atteindra le double de son poids à la naissance.

Bébé vocalise et roucoule. Il sourit et glousse de joie, visiblement heureux de s'entendre. Il tourne maintenant la tête dans tous les sens. Lorsqu'il est couché sur le ventre, il peut se balancer comme un avion, le dos arqué, les bras et les jambes tendus. Couché sur le dos, il réussit parfois à se tourner sur le ventre, ou vice versa. Il tente déjà d'attraper ses pieds, et a son jouet préféré. Dans sa baignoire, il donne des coups de pied et s'amuse à vous éclabousser.

Le cinquième mois

Une gardienne bien choisie

Le choix de la personne qui prendra soin de votre enfant en votre absence, que ce soit pour aller travailler ou pour vous relaxer, est primordial. Et difficile. D'ailleurs, un sondage réalisé il y a quelques années indiquait que la garde des enfants figurait en tête du palmarès des soucis maternels.

La gardienne (c'est ainsi que nous l'appellerons pour simplifier les choses, qu'elle travaille chez elle, à votre domicile ou dans une garderie, ou même qu'«elle» soit un «il») viendra tout de suite après vous et votre conjoint dans le cœur de votre bébé. Avant même de satisfaire vos besoins en ce qui a trait à la proximité, à l'horaire, etc., elle doit correspondre à ce que vous attendez de la personne à qui vous confierez l'être qui vous est le plus cher. C'est elle qui aidera votre enfant à franchir les importantes étapes de sa marche vers l'autonomie. L'apprentissage de la marche, du langage, de la propreté, c'est autant sinon plus avec sa gardienne qu'avec ses parents que bébé le fait. Le choix de cette personne est donc crucial.

Essayez de trouver une personne (ou une garderie) dont la façon d'aborder la croissance de votre enfant

ressemble à la vôtre. En entrevue, posez-lui des questions qui vous permettront de mieux connaître sa façon de voir les choses. Demandez-lui par exemple: «Si mon enfant refusait de manger, que feriez-vous?» Ou encore: «S'il ne s'arrêtait pas de pleurer…?» Demandez-lui des références et n'hésitez pas à consulter des gens qui lui ont déjà confié leurs enfants.

Une fois votre décision prise, certains indices vous permettront de voir si votre bébé est bien traité et s'il se sent en confiance, même s'il est trop jeune pour parler. S'il refuse de manger, de dormir, de retourner chez la gardienne, il y a peut-être un problème. Soyez attentive à son attitude lorsque vous allez le conduire ou le chercher. La sécurité et l'équilibre de votre enfant dépendent de votre vigilance et de votre promptitude à réagir.

Un explorateur

À cinq mois, bébé se tourne vers vous lorsque vous l'appelez par son nom et il reconnaît les gens de son entourage. Il peut jouer plusieurs minutes devant un miroir: il distingue son image de la vôtre. Il joue avec ses doigts, attrape tout ce qui se trouve à sa portée pour le sucer longuement et l'observer avec intérêt.

Bien calé dans un siège, il peut dorénavant garder sa tête droite et stable, tenir son biberon à une ou deux mains ou le passer d'une main à l'autre. Lorsque vous le prenez dans vos bras, il s'agrippe à vous. Il proteste si vous tentez de lui retirer un objet.

C'est l'âge des poses à croquer. À chaque instant, vous avez envie de tendre la main vers l'appareil photo. Bébé se dévore le gros orteil en vous observant du coin de l'œil, clic!

Le sixième mois

Tout seul

L'angoisse d'être séparé de papa ou de maman touche le bébé très jeune. Vers l'âge de six mois, il peut avoir peur des étrangers, des objets bizarres, de l'inconnu. Le bébé qui faisait ses nuits depuis longtemps recommence parfois à se réveiller. Il pleure, mais ce n'est pas la faim qui le tenaille, c'est la peur. Il ne vous voit pas, il se sent seul. Il a besoin d'être rassuré. Parlez-lui doucement et remettez-le au lit. Faites attention qu'il ne prenne trop de plaisir à ces rencontres nocturnes et qu'elles ne deviennent une habitude. Si c'est le cas, soyez ferme et expliquez-lui que vous avez besoin de dormir. Bébé doit sentir que vous êtes là tout près s'il a besoin de vous, mais il doit être capable de s'endormir tout seul.

Il faut se méfier de sa propre anxiété, car très souvent on la transfère à son enfant. Les meilleurs parents pour un bébé ne sont ni surprotecteurs (car il ne saurait plus tard se débrouiller seul et avoir confiance en ses capacités) ni totalement dénués d'intérêt pour lui (car il ne pourrait surmonter ses anxiétés).

Les changements (nouvelle gardienne, déménagement, etc.) et les événements (visite chez le médecin, vaccin, première absence prolongée des parents, etc.) ne doivent pas être pris à la légère. La réaction de votre bébé dépendra de votre attitude et des mesures que vous aurez prises pour lui faciliter les choses. Vous devrez peut-être vous montrer ferme, mais surtout, rassurez-le. Prenez dès maintenant l'habitude de lui expliquer ce qui se passe et ce qui arrivera par la suite; cela ne pourra que lui être profitable.

Attention, danger!

À plat ventre, votre petit curieux se dresse sur ses bras tendus pour mieux observer tout ce qui l'entoure. À la fin de ce mois, les plus rapides commencent déjà à se déplacer à quatre pattes ou en rampant. Dépêchez-vous de faire de votre maison un endroit sécuritaire! Des objets banals de la vie quotidienne recèlent nombre de périls pour lui: le fil de la bouilloire qui pend, la fenêtre du troisième étage restée ouverte, les plantes dangereuses (voir p. 104), tous les petits objets avec lesquels il risque de s'étouffer… Essayez de regarder votre maison avec les yeux de votre enfant. Il ne s'agit pas de tout cacher, mais plutôt de prendre conscience des dangers possibles et de prévenir les accidents.

Bébé mordille tout ce qu'il attrape; il commence souvent à percer ses premières dents (voir «Le neuvième mois»). Il arrache ses bas pour pouvoir sucer ses pieds avec un plaisir toujours renouvelé.

Il est désormais capable de rester assis quelques minutes, ce qui lui permet de considérer son environnement d'une nouvelle façon. Il attrape ses jouets, les laisse tomber et les rattrape, un petit jeu qui peut l'occuper longtemps.

Le septième mois

Un mot seulement pour papa

Les siestes de bébé paraissent souvent trop courtes pour une maman bien occupée. Quoi de mieux qu'un papa qui trouve agréable de se charger de la toilette de bébé ou de jouer avec lui?

Parlez à votre tout-petit; vous le verrez exprimer sa bonne humeur. Il apprendra à mieux connaître le son de votre voix et, avec le temps, y réagira plus rapidement.

Il vous arrivera peut-être de ne pas vous sentir très habile à le consoler, de ne pas savoir à quel moment il faut le nourrir, quoi lui donner à manger et quelle quantité... Vous vous sentirez peut-être dépassé et aurez le goût d'abandonner les soins de bébé à sa maman, «la spécialiste». Ne vous laissez pas aller au découragement. Un bébé change tellement vite qu'il est parfaitement normal que vous ne sachiez pas toujours tout.

Faites les choses à votre façon. L'important, c'est que votre bébé se sente bien. Observez-le; c'est la meilleure façon de le connaître. Et soyez

patient. Ne ratez pas cette période où bébé entre de plus en plus en communication avec son entourage: elle vous permettra de grandir avec lui au cours des années. De toute façon, vous serez vite récompensé par les sourires et les grands yeux brillants et vifs d'un bébé heureux.

Des progrès surprenants

Bien sûr, bébé change très vite depuis sa naissance, mais à cette période son évolution est fascinante. Alors qu'il passait de longues minutes immobile à son poste d'observation seulement quelques semaines auparavant, voilà qu'il se déplace de plus en plus vite. Il s'assoit tout seul, se promène à quatre pattes, rampe, et parvient à se mettre debout en s'accrochant aux meubles. Rien ne lui échappe. Vous ne le reconnaissez plus... et vous vous épuisez à le suivre!

Ses périodes d'éveil vous contraignent à une surveillance de tous les instants. Heureusement, il se fatigue tellement qu'en général son sommeil couvre de plus longues périodes. À cet âge, son horaire est plus régulier. La plupart des bébés font deux siestes, une le matin, l'autre l'après-midi.

Bébé babille de plus en plus. Répondez-lui, répétez ses «bababa», vous l'encouragerez dans son apprentissage du langage. Parlez-lui le plus possible, expliquez-lui ce que vous faites, nommez les objets et les gens qui l'entourent. Vous enrichissez déjà son vocabulaire et vous lui donnez envie de vous répondre. C'est le début de la communication orale!

Le huitième mois

Bonjour les dégâts!

Très tôt, le bébé veut toucher la nourriture qu'on lui offre. En voyant les dégâts incroyables qu'il peut faire, vous serez peut-être tentée de le nourrir vous-même le plus longtemps possible. N'oubliez pas que c'est en forgeant qu'on devient forgeron. Votre enfant acquerra de la dextérité en s'exerçant à manger seul.

Bien sûr, il est encore loin le jour où vous lui confierez la cuiller, mais il peut déjà grignoter un croûton de pain ou manger avec ses doigts. Offrez-lui des morceaux de céréales sèches, des carottes cuites coupées en dés, de petits morceaux de fromage tendre. Ne vous éloignez jamais: bébé pourrait s'étouffer avec un morceau trop gros. Vérifiez qu'il n'a plus rien dans la bouche avant de lui offrir autre chose à manger.

Bébé joue avec sa nourriture? C'est tout à fait normal. Il explore. Il écrase un morceau au creux de sa main, puis le cherche. On dirait qu'il veut réinventer l'art du maquillage avec cette manie qu'il a de s'écraser la main dans la figure à la recherche de sa bouche. Soyez patients, dans quelque temps vous remarquerez ses progrès.

Coucou!

Aux environs de huit mois, la mémoire de votre bébé s'est développée. Maintenant, quand il ne voit pas quelque chose, il sait tout de même que cette chose existe. C'est pourquoi il pleure lorsque vous partez. Jouez avec lui à «Coucou!» ou à cacher et retrouver des objets. Ces petits jeux lui feront comprendre que vous reviendrez toujours auprès de lui et ils atténueront ainsi son inquiétude.

Pour se rassurer lorsqu'il a peur, ou même en tout temps, l'enfant serre contre lui ce qu'on appelle sa «doudou». Vieille couverture, nounours préféré ou autre, c'est un objet destiné à remplacer la mère en son absence. Prenez-en bien soin. Votre enfant aimera longtemps cet objet précieux et dormira peut-être avec celui-ci jusqu'à ce qu'il aille à l'école, et même au-delà. Lorsque cette «doudou» est une poupée ou un nounours, elle fait pratiquement partie de la famille. L'enfant s'en occupe comme si c'était son propre bébé.

L'idéal à cet âge est de garder l'enfant au centre de l'activité familiale. Il aime la compagnie et il en a besoin. Un environnement stimulant ne peut que contribuer à son développement. Il peut jouer seul, mais il aime être près de vous. Offrez-lui des jouets qu'il peut attraper, lancer, mordre, jeter et reprendre ensuite. Il restera occupé pendant de longs moments.

Le neuvième mois

Mordre à la vie

En règle générale, les premières dents apparaissent vers l'âge de six mois. Ce sont les incisives centrales, d'abord celles du bas puis celles du haut. La percée des dents durera jusqu'à l'âge de 24 ou 30 mois, alors que l'enfant aura ses 20 dents primaires.

La période pendant laquelle bébé perce des dents n'est pas toujours facile. Certains bébés ne se plaignent pas, et l'on découvre tout à coup une nouvelle dent en examinant leur bouche. D'autres ne sont pas aussi discrets. La pousse des dents rend les gencives très sensibles. L'enfant peut devenir agité, grognon. Il s'éveille parfois la nuit, tente de mordre ses doigts ou des objets, salive beaucoup et, naturellement, accompagne le tout de ses pleurs. On remarque dans certains cas des rougeurs sur le visage ou sur les fesses, de la fièvre ou un nez qui coule.

Il n'existe pas de remède magique. Frotter les gencives de bébé avec un morceau de glace le soulagera temporairement. Si la douleur semble intense, l'acétaminophène est indiquée. Un anneau de dentition

ou quelque autre objet à mordre lui procurera également un soulagement.

Il importe de savoir que l'alimentation du bébé revêt une importance capitale pour le développement de sa future dentition permanente. Une nourriture riche en vitamines et un entretien minutieux de ses dents de lait contribueront à développer une dentition saine pour le reste de sa vie. Dès la sortie des premières dents, nettoyez-les régulièrement avec une petite brosse à poils doux. Enfin, vers l'âge de trois ans, votre enfant effectuera sa première visite chez le dentiste, dont les conseils vous guideront.

Retomber en enfance

Prendre conscience de son environnement fait parfois peur à bébé. Pour comprendre son insécurité, vous pouvez vous placer à son niveau. Mettez-vous à quatre pattes et regardez autour de vous. Peut-être l'aspirateur vous semblera-t-il horriblement dangereux à vous aussi? Peut-être aurez-vous peur de couler dans le petit trou avec l'eau du bain?

Je me souviens d'avoir eu peur des trains au point d'en faire des cauchemars pendant plusieurs années. Mon grand-père aimait les trains et il m'emmenait souvent les voir entrer en gare. Il me tenait bien la main sur le quai, mais moi, c'est le dessous terrifiant du train que je voyais le mieux campée sur mes petites pattes.

Lorsque bébé a peur d'un objet, vous pouvez le tenir dans vos bras tout en déplaçant l'objet et en l'invitant à le toucher. Essayez d'apaiser ses craintes. Si vous n'y arrivez pas, mettez l'objet hors de sa vue et recommencez quelques jours plus tard.

Le dixième mois

Au pays des merveilles

Instinctivement, vous avez adopté dès la naissance de votre bébé un ton aigu lorsque vous vous adressez à lui. C'est bien ainsi, puisque c'est ce qu'il préfère. Avant même de naître, il percevait certains sons et pouvait reconnaître la voix des gens de son entourage. Votre enfant montrera des signes d'intérêt en tournant la tête ou le regard dès qu'il entendra un son connu, par exemple une pièce de musique que vous écoutiez souvent pendant la grossesse. C'est ainsi que vous savez très tôt qu'il voit et qu'il entend, puisqu'il cherche à voir ce qu'il entend. Certains chercheurs ont même découvert qu'un bébé aveugle tend la main lorsqu'il entend un son, afin de mieux connaître son environnement*.

Vous avez sûrement remarqué que souvent votre bébé se calme instantanément lorsque vous le prenez dans vos bras. Son sens du toucher est fort éveillé. Déjà, dans l'utérus, il se sentait caressé par les mouvements du liquide amniotique.

Son goût est-il développé? Présentez-lui une tranche de lime: sa réaction sera plus éloquente que n'importe quelle réponse…

Quant à l'odorat, les chercheurs affirment que bébé reconnaît l'odeur de sa mère et du lait dès le plus jeune âge. Nous sommes vraiment au pays des merveilles avec ces petits êtres!

Bouger

Bébé se montre de plus en plus efficace lorsqu'il se déplace. Cela vous oblige à exercer une surveillance constante (et parfois épuisante), mais en le laissant se promener librement vous lui permettez de découvrir le monde. Évitez de le confiner à son parc ou à une balançoire pendant de longues heures. Essayez de limiter l'utilisation de ces aide-parents aux moments où vous ne pouvez accorder suffisamment d'attention à bébé, par exemple lors de la préparation des repas.

L'heure du bain est souvent un moment de pur bonheur. Les enfants adorent jouer dans l'eau. Maintenant qu'il sait se tenir assis, le vôtre pourra jouer longtemps à remplir et à vider des contenants, et surtout, à éclabousser toute la salle de bain. Prudence: un bébé peut se noyer en quelques instants dans à peine quelques centimètres d'eau. Ne le laissez jamais seul ni sous la surveillance bien peu efficace d'un enfant plus âgé.

---

* Les Éditions de l'Homme ont publié L'*Étonnant Nouveau-né*, un ouvrage passionnant sur les premiers instants de la vie.

27

Le onzième mois

S'endormir tout seul

Avec un bébé bien actif toute la journée, les moments de paix où l'enfant dort sont encore plus précieux pour les parents. Ceux-ci ont besoin de se retrouver seuls le soir pendant quelques heures, puis de dormir tranquillement pour récupérer leurs forces. Pourtant, bien des papas et des mamans passent de nombreuses heures la nuit auprès de leur poupon. Il est normal de le faire occasionnellement, par exemple si l'enfant est malade ou qu'il perce des dents. Mais si votre bébé ne peut encore s'endormir ou se rendormir tout seul, il est grand temps de prendre les choses en main.

Le bébé doit comprendre que la chambre est réservée au sommeil. Donc, pas de biberon au lit. De toute façon, c'est mauvais pour les dents. Établissez une routine pour l'heure du coucher. Après le bain, chantez-lui une berceuse, embrassez-le puis quittez sa chambre doucement. Pas de cris, pas de menaces, juste de la fermeté.

Les premières fois, si vous l'endormez dans vos bras depuis sa naissance, il hurlera sans doute de rage. Attendez au moins cinq minutes avant de retourner auprès de lui. Calmez-le, mais ne le prenez pas dans vos bras. Il doit comprendre que c'est l'heure de dormir. Ressortez tranquillement et, même s'il crie, ne retournez pas dans la chambre avant dix minutes. Certains parents préfèrent appliquer des mesures plus draconiennes: ils laissent bébé pleurer jusqu'à ce qu'il trouve le sommeil. Le premier soir, l'expérience sera éprouvante, mais par la suite, votre enfant s'endormira de plus en plus vite. En quelques jours, ce sera réglé. Vous aurez gagné des heures de paix, et bébé aura fait un grand pas vers l'autonomie.

Attention, danger!

Voilà que nos petits bouts de chou se tiennent debout, se risquant parfois à faire leurs premiers pas. Pas facile pour eux, quand ils cherchent un point d'appui, de faire la distinction entre la chaise qui berce et celle qui est bien solide.

Votre enfant explore toutes les avenues: il se lève, se penche, s'accroupit, attrape des objets, les lance, se met le nez partout où il ne faut pas. À vous de voir à sa sécurité. Un moment d'inattention peut être lourd de conséquences. Comme il tombe fréquemment, son équilibre étant précaire, le nouveau marcheur peut subir des blessures sérieuses.

Lorsque vous allez faire des emplettes, utilisez la poussette; vous aurez l'esprit plus tranquille. Mais ne laissez pas bébé seul et attachez-le soigneusement, car il devient assez grand pour en descendre tout seul ou la renverser.

Le choix des premières chaussures ne doit pas être laissé au hasard. Le bébé qui apprend à marcher à l'extérieur a besoin d'une chaussure souple qui lui permettra de bien contrôler ses mouvements. Quant à celui qui fait son apprentissage à l'intérieur, il peut très bien marcher pieds nus.

Le douzième mois

Garçon ou fille?

Les différences entre garçons et filles ne sont pas tellement perceptibles au cours de la première année de vie. Les caractéristiques de chaque bébé dépendent davantage de la personnalité que du sexe de l'enfant. C'est à partir de maintenant que les distinctions se manifesteront.

L'enfant a besoin d'un modèle pour s'affirmer en tant que fille ou garçon. Le parent du même sexe, ou un autre adulte proche, pourra jouer ce rôle essentiel.

La société actuelle ayant éveillé les parents aux pièges du sexisme, il nous est aujourd'hui plus facile d'acheter un camion de pompier à une fillette ou une poupée à un garçonnet. N'ayez surtout pas peur de faire de votre enfant un garçon manqué ou une mauviette. La nature est bien plus forte que les jouets!

Une chandelle

Ouf! bébé va bientôt avoir un an! Il mérite bien un beau morceau de gâteau dont il pourra s'enduire les joues avec plaisir. Ce qu'il a changé en une année! Il pèse maintenant environ trois fois son poids à la naissance. Il marche ou est sur le point d'y arriver; rien ne presse. Il commence à dire certains mots proches de sa réalité de tous les jours.

Bébé comprend lorsque vous lui dites «non». Il le répétera peut-être après vous, ou encore vous lancera un regard interrogateur en s'approchant d'un objet qu'il n'est pas autorisé à toucher, attendant votre réaction ou disant lui-même «non, non». Les parents doivent être constants dans leurs interdictions. Si maman défend à bébé de toucher les cassettes vidéo et que papa le laisse les éparpiller à travers le salon quand il est de garde, bébé ne saura plus sur quel pied danser. Par contre, si les deux parents sont fermes et qu'ils énoncent les mêmes règles, il apprendra vite à éviter les endroits défendus.

Bébé est de plus en plus habile avec ses mains. Il peut ramasser de tout petits objets sans les laisser tomber, empiler des cubes, mettre des blocs dans un contenant et les en ressortir pendant de longues périodes sans se lasser.

Les enfants de cet âge aiment la routine, et certains sont ébranlés dès qu'on y déroge. L'heure des siestes et des repas est sacrée. Les parents qui modifient l'horaire s'en mordent parfois les doigts!

Ire semaine

Le jour de la rentrée

Une nouvelle vie! Vous rentrez de l'hôpital ou de la maison de naissance. Heureuse, un peu inquiète, vous voilà, avec votre conjoint, devant la réalité. Si c'est votre premier bébé, c'est tout votre mode de vie qui sera transformé pour un certain temps. Sinon, vous devrez tout de même recréer un équilibre dans la famille en y intégrant le petit nouveau. Il ne parle pas, mais il sait déjà hurler ses sensations, crier ses besoins.

Ne vous en faites pas. Il se calmera, et bientôt vous saurez deviner ses désirs. Si vous avez la chance d'avoir de l'aide à la maison, profitez-en pour vous détendre. Ne vous formalisez pas si tout n'est pas dans l'ordre habituel. Votre conjoint ou la personne qui vous aide ne fait pas tout comme vous, mais ne découragez pas ses efforts. Vous avez besoin de toute votre énergie pour nourrir votre bébé et vous en occuper.

Les mères qui allaitent voudront peut-être le faire étendues dans leur lit au début. C'est plus reposant, et comme les tétées durent longtemps quand bébé est petit, autant profiter de ces moments pour se relaxer. Détendez-vous, oubliez tout le reste, c'est ce que vous pouvez faire de mieux pour l'instant.

Unique en son genre

Chaque bébé est un être unique. Même si c'est votre deuxième ou votre troisième enfant, vous découvrirez que rien n'est pareil: ni la grossesse, ni l'accouchement, ni la façon d'être et de réagir du bébé.

Si certains bébés sont calmes et ne pleurent pratiquement jamais, d'autres semblent toujours agités. Vigoureux ou passif, calme ou nerveux, éveillé ou dormeur, votre tout-petit est déjà différent de tout autre. Soyez attentifs aux signaux qu'il vous lance. Dans tous les cas, un environnement doux et paisible contribuera à faire en sorte qu'il se sente en sécurité.

Après neuf mois passés bien au chaud dans un milieu liquide et plutôt silencieux, dans l'obscurité, bercé par les battements du cœur de sa mère, par sa respiration et par ses mouvements, bébé peut trouver difficile la vie à l'extérieur. La séparation provoque anxiété et frustration. Tout ce qu'il peut faire, c'est s'exprimer à sa façon!

N'ayez pas peur de le prendre et de le bercer. On ne peut gâter un bébé de cet âge. Il a grandement besoin d'être cajolé, d'être serré contre vous. Pour lui, c'est la sécurité. Il entend les battements de votre cœur et reconnaît votre odeur et le son de votre voix.

Curieusement, les parents, qu'ils soient gauchers ou droitiers, ont généralement l'habitude de tenir leur bébé côté cœur. Peut-être est-ce parce qu'ils savent d'instinct que c'est ce qu'il préfère?

Semaine du _____ au _____

Lundi
....
....
....
....
....

Mardi
....
....
....
....
....

Mercredi
....
....
....
....
....

Jeudi
....
....
....
....
....

Vendredi
....
....
....
....
....

Samedi
....
....
....
....
....

Dimanche
....
....
....
....

Les progrès de mon enfant: ....
....
....
....
....

31

2ᵉ semaine

Un petit mot pour maman

Le marathon des dernières semaines de grossesse vous a fatiguée, et l'accouchement a épuisé vos dernières réserves d'énergie. Heureusement, la vue de ce si beau poupon vous donne des ailes, mais tout de même, votre corps réclame du repos et le temps de souffler un peu. Comme vous devez vous lever la nuit, il vous est difficile de récupérer. Et même si vous vous sentez forte, ces premières semaines avec bébé sont exigeantes, étant donné la multitude d'apprentissages et d'ajustements à réaliser.

Ne laissez pas les visiteurs envahir votre vie. Bien sûr, vous avez envie de montrer votre rejeton à la planète entière, mais parents et amis doivent comprendre que ce n'est pas le moment de se présenter à l'improviste ni de rester tard le soir. L'essentiel, maintenant, c'est de vous reposer et de disposer du maximum de temps pour nourrir et soigner votre bébé. Ce n'est pas une raison pour vous enfermer et ne voir personne! Seulement, il vaut mieux organiser les visites aux moments où cela vous convient le mieux.

Des nuits animées

Le jour, la nuit, il n'y a actuellement aucune différence pour votre tout-petit. Vos premières nuits vous paraîtront peut-être pénibles. Dormant d'une seule oreille, vous vous faites du souci au moindre son… et surtout quand vous n'entendez rien! «A-t-il faim? a-t-il froid? respire-t-il toujours? pourquoi sa respiration change-t-elle de rythme?» Un bébé fait parfois beaucoup de bruit en dormant. Vous pouvez penser qu'il est réveillé, vous lever précipitamment pour vous préparer à le nourrir, et vous retrouver devant un bébé profondément endormi. Attendez qu'il pleure pour sortir du lit. Ne vous inquiétez pas: quand il aura faim, il criera tellement fort que vous vous réveillerez à coup sûr. Si sa présence près de votre lit vous empêche de vous reposer, ayez la sagesse de l'installer dans sa chambre. D'ici un mois, vos inquiétudes se seront calmées, et vous pourrez dormir en paix.

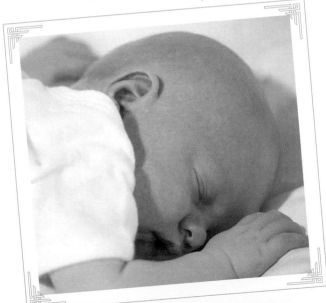

Semaine du _____ au _____

Lundi
....
....
....
....
....

Mardi
....
....
....
....
....

Mercredi
....
....
....
....
....

Jeudi
....
....
....
....
....

Vendredi
....
....
....
....
....

Samedi
....
....
....
....
....

Dimanche
....
....
....
....

Les progrès de mon enfant: ....
....
....
....
....
....

3e semaine

Le père et son enfant

Même si certains nouveaux pères se sentent démunis devant ce bébé si petit et en apparence si fragile, leur présence et leur participation au cours des premières semaines de la vie de leur enfant sont très importantes. Partagez vos sentiments avec votre conjoint. C'est en se parlant de ce qu'on vit qu'on peut le mieux s'épauler.

Et surtout, faites-vous confiance l'un l'autre! Trop souvent, des mères repoussent ou critiquent les premières tentatives de papa de s'occuper de son enfant. Même s'il semble plus gauche ou s'il fait les choses différemment, cela ne signifie pas qu'il soit incapable de prendre soin de bébé. Le père qui s'habitue dès le départ à connaître son bébé sera davantage porté à s'en occuper par la suite. Si on rejette sa participation au départ, on ne pourra se surprendre que son «intuition paternelle» ne se soit pas développée.

Même si la mère allaite son bébé et que le père travaille toute la journée à l'extérieur, il peut faire des tas de choses. D'abord, s'occuper du bébé le matin pendant que maman s'accorde quelques minutes de bienheureuse solitude dans la salle de bain, histoire de bien commencer la journée. Le soir, le papa peut prendre la relève pour que sa conjointe dispose d'un peu de liberté entre deux tétées. Et le week-end, c'est le moment de vivre ensemble au même rythme. Le père découvrira rapidement que les journées passées avec un nourrisson ne sont pas plus reposantes que son travail, ce qui lui permettra de comprendre la fatigue de maman!

Les fontanelles

Quand bébé vient au monde, les os de son crâne ne sont pas encore soudés. Les espaces entre ces os sont appelés «fontanelles». Une seule d'entre elles est visible. Faisant trois ou quatre centimètres de long, elle est située au-dessus du front. Il faut éviter d'appuyer dessus, mais n'ayez crainte, elle est tout de même solide. Il est normal d'y apercevoir un battement. Elle aura disparu entre le douzième et le dix-huitième mois.

Lundi

....
....
....
....
....

Mardi

....
....
....
....
....

Mercredi

....
....
....
....
....

Jeudi

....
....
....
....
....

Vendredi

....
....
....
....
....

Samedi

....
....
....
....
....

Dimanche

....
....
....
....
....

Les progrès de mon enfant: ....
....
....
....
....
....

4e semaine

LE BÉBÉ DIFFÉRENT

Le prématuré

Le bébé né avant la 37e semaine de grossesse et pesant moins de 3000 g est dit «prématuré». Comme le bébé né à terme mais dont le poids est inférieur à la normale, il est fragile et demande plus d'attention. Aussi est-il primordial d'apporter un soin particulier à son alimentation et de lui donner un supplément de vitamines, prescrit par le médecin.

Le lait maternel est le plus sûr et celui qui convient le mieux au bébé. En effet, ce lait est toujours parfaitement adapté à l'âge de l'enfant. Le lait que produit la mère d'un prématuré est donc différent de celui qui est destiné à un bébé né à terme. Mieux vaut donc nourrir votre enfant avec le lait maternel, quitte à l'extraire et à le lui donner au biberon s'il est trop petit pour téter. Ne vous en faites pas, bébé rattrapera vite le temps perdu!

Les jumeaux

Comme dans le cas des bébés prématurés, l'un des jumeaux ou les deux peuvent avoir un problème de poids. Il est possible d'allaiter des jumeaux: les seins produiront une double ration de lait si c'est ce qu'on leur demande. La mère peut les nourrir ensemble ou un à la fois. Il est très important qu'elle s'alimente convenablement et qu'elle boive suffisamment.

Évidemment, avoir des jumeaux signifie aussi deux fois plus de travail! Lentement mais sûrement, vous réussirez à organiser temps, vêtements et espace le plus simplement possible. N'hésitez pas à demander de l'aide à vos proches; lorsque vos jumeaux auront grandi, vous arriverez à vous en occuper sans aide, mais pour l'instant vous avez besoin d'un coup de main. Heureusement, vous recevrez une double ration d'amour!

Vos jumeaux sont deux êtres distincts. Donnez-leur la chance d'être «je» et pas seulement «nous». Leur choisir un prénom, une tenue vestimentaire et une coiffure différentes les aidera. À mesure que le temps passera, vous pourrez consacrer à chacun séparément des moments privilégiés, pour leur plus grand bonheur.

Lundi

Mardi

Mercredi

Jeudi

Vendredi

Samedi

Dimanche

Les progrès de mon enfant: ....

À 1 mois

Remarques: ....
....
....
....
....
....

À 2 mois

Remarques: ....
....
....
....
....
....

5ᵉ semaine

Le bon lait m'endort

L'heure du boire est un moment privilégié de partage avec votre enfant. Au début, bien sûr, elle revient souvent, et vous vous sentirez peut-être exaspérés par moments. Mais avec les semaines qui passent, les repas s'espaceront. Vous trouverez bientôt le temps de faire autre chose, et ces instants magiques avec votre enfant deviendront plus rares. Parlez à votre bébé en lui donnant son lait, racontez-lui les beaux moments de la grossesse, chantez-lui des berceuses. Même s'il ne comprend pas le sens des mots, il sait reconnaître les paroles d'amour.

Surtout, la mère ne doit pas se sentir coupable d'en avoir parfois assez de nourrir bébé. Bébé ne vous en voudra pas si vous profitez de ces instants pour téléphoner à une copine ou pour regarder un film à la télé.

Le lait maternel correspond exactement aux besoins nutritifs de votre enfant. C'est le meilleur que vous puissiez lui donner. Mais il est important que votre choix entre l'allaitement et le biberon vous convienne à vous aussi. Si vous avez opté pour le biberon, sachez que la dose d'amour ne se mesure pas en millilitres!

Un visa santé

Chaque femme devient une artiste au moment d'allaiter. Après les maladresses du début, les gestes cent fois répétés deviennent simples et rassurants à la fois pour la mère et pour l'enfant. Fournir, de son propre corps, de quoi satisfaire un bébé affamé est une expérience valorisante. Un instant bébé hurle, et l'instant d'après vous êtes calmement installée avec lui dans un fauteuil pour une tétée qui le laissera repu et heureux, souvent même endormi.

La mère doit se donner le temps de stabiliser sa production de lait et de faire son apprentissage avec son nouveau-né. Le cap des quatre à six semaines est souvent difficile à franchir. Plusieurs femmes ont alors envie d'abandonner l'allaitement. Mais le plus facile reste à venir. Les seins deviendront moins lourds, et le nombre de tétées passera de sept ou huit par jour à cinq ou six, et même quatre. La congélation du lait maternel permettra à maman de gagner un peu de liberté, et son conjoint aura ainsi l'occasion de participer à l'allaitement. Vous conserverez aussi tous les avantages de l'alimentation naturelle. Une maman heureuse fait un bébé heureux!

Pour produire du bon lait en quantité suffisante, il est important de bien s'alimenter, de se reposer et d'éviter le stress et les régimes sévères.

Semaine du _____ au _____

Lundi

....
....
....
....

Mardi

....
....
....
....

Mercredi

....
....
....
....

Jeudi

....
....
....
....

Vendredi

....
....
....
....

Samedi

....
....
....
....

Dimanche

....
....
....

Les progrès de mon enfant: ....
....
....
....
....

6e semaine

Le bon lait de maman

Les premières semaines de la vie avec un bébé sont constellées d'embûches. Entre autres, l'allaitement peut présenter certaines difficultés. Il serait dommage pourtant d'abandonner après quelques jours difficiles et de priver maman et bébé des mois de bonheur qui viennent. Voici quelques-unes des difficultés les plus courantes que rencontre la maman qui allaite.

Les **commentaires** de l'entourage. Ce lait que l'on ne voit jamais, il est bien difficile de croire qu'il comble vraiment les besoins de bébé. «Peut-être que ton lait n'est pas assez bon… Tu es trop fatiguée, tu n'as pas assez de lait… Le petit est affamé, on pourrait lui donner un biberon…» Bouchez vos oreilles: votre lait est ce que vous pouvez donner de mieux à votre bébé, et ce n'est pas une fatigue bien normale dans les circonstances qui lui enlèvera sa qualité. Si malgré tout vous remettez en question votre décision d'allaiter, parlez-en à une infirmière ou à une femme qui a déjà allaité avant d'abandonner.

Les **gerçures** et **crevasses**. Gardez vos mamelons au sec pour éviter ces désagréments. Portez des compresses d'allaitement. Lavez toujours vos seins à l'eau fraîche, sans savon. Laissez-les à l'air libre si possible.

Le **manque de lait.** Toute femme en bonne santé peut allaiter son bébé. Si elle se repose, si elle boit et mange suffisamment, si elle vit dans un environnement serein, elle produira assez de lait. Même si vos seins semblent vides, ils peuvent donner du lait; quelques minutes seulement après une tétée, ils sont prêts de nouveau. Donner un biberon ne peut que vous être nuisible. En effet, la production de lait s'adapte à la demande du bébé: un bébé gavé au biberon tétera moins, vous produirez moins de lait, donnerez d'autres biberons à votre enfant et, en quelques jours, vous n'aurez plus de lait du tout.

Les **poussées de croissance.** Certains jours, les bébés semblent insatiables: ils demandent le sein presque sans arrêt. Ces journées sont épuisantes pour la mère, mais vous les surmonterez plus aisément si vous comprenez ce qui se produit. Votre bébé grandit: il a besoin que vos seins produisent plus de lait. Il tète donc énormément pendant une journée, le temps que vos seins s'adaptent à la demande. Les jours suivants, il prendra plus de lait qu'auparavant sans que vous ayez à passer la journée à allaiter.

Une **douleur** ou une **bosse dure** sur un sein. Cela peut être le signe qu'un canal lactifère est bloqué. Nettoyez bien votre mamelon: un trou est peut-être obstrué. Mettez des compresses chaudes sur le sein avant la tétée. Faites boire bébé toutes les deux heures en commençant toujours par le sein endolori. Si la douleur persiste, il y a risque d'infection, et vous devez sans tarder consulter un médecin.

Semaine du _____ au _____

Lundi

....
....
....
....
....

Mardi

....
....
....
....
....

Mercredi

....
....
....
....
....

Jeudi

....
....
....
....
....

Vendredi

....
....
....
....
....

Samedi

....
....
....
....
....

Dimanche

....
....
....
....

Les progrès de mon enfant: ....
....
....
....
....

43

7e semaine

Une dernière visite

Environ six semaines après l'accouchement, la nouvelle mère subira probablement un examen post-natal. C'est le moment de faire part au médecin des petites inquiétudes, par exemple des pertes vaginales abondantes. Ces pertes que l'on appelle «lochies» durent habituellement environ un mois après la naissance de bébé.

C'est aussi le moment d'aborder la question de la contraception. Soyez prudents: l'allaitement retarde parfois de plusieurs mois le retour des menstruations, mais ce n'est pas un moyen de contraception fiable. L'arrivée d'un nouveau bébé si tôt serait-elle la bienvenue?

La mère devrait prendre quelques minutes par jour pour faire des exercices pour les muscles abdominaux (par exemple rentrer le ventre) et pour les muscles du dos. Ils se sont affaiblis et relâchés durant la grossesse.

Un médecin pour bébé

Le choix d'un médecin de famille ou d'un pédiatre est au cœur des préoccupations des parents. Il convient d'abord de définir ses attentes et ses besoins pour ne pas avoir à changer de clinique sans arrêt. Optez pour une personne en qui vous avez pleinement confiance, et pour longtemps. Il est important que l'enfant aussi se sente en confiance avec son médecin. Présentez-le-lui comme un ami. Comme il connaîtra votre enfant, ce médecin assurera un meilleur suivi que si vous en changiez à chaque visite.

Un bon pédiatre s'intéresse d'abord à la condition physique et morale de l'enfant avant de parler maladies. Lors des visites de routine, il vérifiera si votre enfant se nourrit bien.

Lorsque votre enfant est malade et que vous appelez à la clinique, restez calme. Éloignez l'enfant s'il pleure, de façon à être bien compris et à entendre les directives que l'on vous donne. Énoncez les symptômes clairement. Ayez à portée de la main de quoi écrire ainsi que le carnet médical de votre enfant et sa carte d'hôpital s'il y a lieu. Évitez les extrêmes: ne téléphonez pas dès qu'il éternue, mais n'attendez pas trop non plus. Un enfant n'a pas la même constitution qu'un adulte.

Semaine du _____ au _____

Lundi

....
....
....
....
....

Mardi

....
....
....
....
....

Mercredi

....
....
....
....
....

Jeudi

....
....
....
....
....

Vendredi

....
....
....
....
....

Samedi

....
....
....
....
....

Dimanche

....
....
....
....

Les progrès de mon enfant: ....
....
....
....
....

8e semaine

Le défilé des couches

Ah! les couches! Peut-être avez-vous en horreur les couches sales, mais il est important de ne pas transmettre cette aversion à votre enfant. Il peut très bien ne pas être incommodé par sa couche souillée, à moins qu'il ne fasse froid. Ne vous précipitez donc pas pour changer sa couche dès qu'elle est mouillée, le jour comme la nuit.

Il est certain que les couches jetables sont bien pratiques, mais elles coûtent cher et vont ensuite emplir les dépotoirs. Histoire de respecter son budget et l'environnement, on peut les utiliser comme solution de dépannage. Les parents qui souhaitent être soulagés de la corvée du lavage des couches seront ravis d'apprendre qu'il existe dans plusieurs régions des services de nettoyage de couches qui s'en chargent pour eux.

Ajustez vos oreilles

Laisser pleurer son enfant parce qu'on ne veut pas le gâter est un mauvais calcul. Comment voulez-vous qu'il exprime ses besoins sans pleurer? C'est son unique moyen d'expression!

En répondant à son appel, vous lui montrez que le monde est bon et accueillant pour lui. Vous ancrez en lui un sentiment de confiance fondamental pour la suite de sa vie.

Un bébé de cet âge pleure toujours pour une bonne raison, même si elle est parfois difficile à détecter. Il a bu, sa couche est propre et bien mise, que peut-il bien avoir? vous demandez-vous. Il peut éprouver des troubles de digestion, avoir de la difficulté à s'endormir, ou tout simplement en avoir assez d'être tout seul dans son petit siège. Il peut aussi souffrir de coliques. Dans ce cas, il pleure fort et replie ses jambes sur son petit ventre tout dur. Il est difficilement consolable, mais prenez votre mal en patience: en général les coliques ne passent pas le cap des trois mois. En attendant, que faire?

Prenez votre bébé, essayez de lui faire faire un rot, donnez-lui quelque chose à sucer. Offrez-lui un petit massage, promenez-le dans la maison en lui parlant doucement, ou emmenez-le dehors. On a rarement vu des pleurs résister longtemps à une promenade en poussette. Bien sûr, vous aviez des tas de choses à faire, mais y arriviez-vous en l'entendant hurler de la sorte? Et puis le temps passe. Bientôt, bébé sera tout heureux dans son siège, du moment qu'il se trouvera dans la même pièce que vous. En attendant, sachez que les bébés qui pleurent se développent souvent plus vite que les autres parce qu'on s'occupe beaucoup d'eux.

Semaine du _____ au _____

Lundi
....
....
....
....
....

Mardi
....
....
....
....
....

Mercredi
....
....
....
....
....

Jeudi
....
....
....
....
....

Vendredi
....
....
....
....
....

Samedi
....
....
....
....
....

Dimanche
....
....
....
....

Les progrès de mon enfant: ....
....
....
....
....

9e semaine

PLEIN LES BRAS

La mère seule

Certaines femmes ont choisi d'avoir un enfant seules, d'autres se retrouvent dans cette situation sans l'avoir décidé. Il n'est pas facile de s'occuper d'un nouveau-né toute seule. Souvent, des difficultés émotives et des moyens financiers réduits rendent les choses encore plus ardues. Ces mères doivent trouver un moyen de combler tous les besoins de l'enfant, qu'il s'agisse de nourriture, de soins ou d'affection.

Il est indéniable que la mère ne peut jouer en même temps le rôle du père. Néanmoins, elle est en mesure de donner à son enfant une image acceptable de celui-ci. Car peu importe la relation entre les parents, voire l'absence totale de liens, l'enfant pensera à son père et posera des questions à son sujet. Malgré les difficultés vécues, la mère devrait veiller à ne pas transmettre une image négative du père, le premier homme dans la vie de l'enfant.

Il est essentiel d'offrir à l'enfant un environnement sain, une vie la plus harmonieuse possible. Cet environnement lui procurera les outils nécessaires pour développer son intelligence et lui permettra de créer dans son imagination un père équilibré qui répond à ses besoins.

L'enfant handicapé

La meilleure attitude à adopter envers un enfant handicapé est de le traiter avec naturel et de l'aimer tel qu'il est. Toute sa vie dépend de la façon dont vous lui ferez accepter son handicap. Si ses parents sont fiers de ce qu'il accomplit et qu'ils le lui montrent, il pourra vivre heureux, insouciant et aussi équilibré que quiconque.

L'enfant s'habituera à susciter des réactions de surprise et à entendre des remarques. N'en faites pas de cas.

L'adoption

Pour grandir avec un sentiment de sécurité, l'enfant doit ressentir une profonde appartenance. Les parents qui adoptent un enfant doivent donc l'entourer d'amour et de soins de façon encore plus évidente que les autres.

Mieux vaut lui expliquer très tôt la situation afin d'éviter les surprises qui mettraient son sentiment de sécurité en péril. Faites-lui bien sentir que vous êtes là pour toujours, mais évitez d'être excessif en lui donnant trop.

Semaine du _____ au _____

Lundi
....
....
....
....
....

Mardi
....
....
....
....
....

Mercredi
....
....
....
....
....

Jeudi
....
....
....
....
....

Vendredi
....
....
....
....
....

Samedi
....
....
....
....
....

Dimanche
....
....
....
....

Les progrès de mon enfant: ....
....
....
....
....

49

10e semaine

Forfait fraîcheur

Faites du bain de bébé un «forfait fraîcheur», un moment privilégié pour lui et pour vous. Profitez-en pour lui parler, lui décrire vos gestes, nommer les parties de son corps que vous touchez. Parlez-lui doucement, surtout au moment de le tremper dans l'eau, pour le rassurer.

Rassemblez tout ce dont vous avez besoin avant de commencer. N'oubliez pas les vêtements propres que vous lui enfilerez après le bain. Vous réglerez la température de la pièce entre 22 °C et 24 °C. L'eau du bain sera idéalement à la température du corps.

La peau de bébé est comme du papier de soie. Protégez ses huiles naturelles en utilisant un savon doux. Rincez soigneusement, surtout dans les innombrables plis! Lavez le cuir chevelu du poupon deux fois par semaine avec le même savon ou encore avec un shampooing pour bébé.

Le meilleur moment pour le bain? Quand vous en avez envie! Évitez l'heure qui suit le boire, parce que bébé pourrait régurgiter. Pour le reste, vous verrez bien quand cela vous convient le mieux à tous les deux.

Bain de beauté

Pour calmer un bébé nerveux: un bain de tilleul.

Pour une peau plus douce: un bain d'amidon de maïs.

Pour calmer les irritations: un bain de son.

Pour qu'il s'épanouisse: l'air et la lumière d'une sortie.

Pour de bons muscles et une jolie peau: un bain d'eau de mer (après neuf mois).

Semaine du _____ au _____

Lundi
....
....
....
....
....

Mardi
....
....
....
....
....

Mercredi
....
....
....
....
....

Jeudi
....
....
....
....
....

Vendredi
....
....
....
....
....

Samedi
....
....
....
....
....

Dimanche
....
....
....
....
....

Les progrès de mon enfant: ....
....
....
....
....

11e semaine

En attendant dodo

Après de longs mois de grossesse et un accouchement, la mère a grand besoin de repos. Mais ce bébé si joli a un bien petit estomac qu'il doit remplir très très souvent, y compris en pleine nuit. La vie de la maisonnée est rythmée par ces repas fréquents et ces réveils plus ou moins difficiles. Les cycles du sommeil varient énormément d'un nouveau-né à l'autre, mais les premières semaines, c'est pratiquement toujours la faim qui le réveille.

Souvent, à cet âge, bébé «fait ses nuits». C'est d'autant plus difficile pour les parents des bébés qui ne les «font» pas. Soyez patiente si c'est votre cas; il finira bien par dormir toute la nuit. Veillez à ce qu'il fasse la différence entre le jour et la nuit. Quand vous le nourrissez la nuit, éclairez faiblement et gardez le silence. Le jour, laissez les rideaux de sa chambre ouverts. Et sachez que, contrairement à ce que l'on croit généralement, un bébé que l'on garde éveillé le jour ne s'endort pas plus facilement le soir et ne dort pas plus longtemps, au contraire.

Corps à corps

À mesure qu'il grandit, bébé prend conscience de ses forces et contrôle son corps de mieux en mieux. Les réflexes qu'il avait à sa naissance disparaissent doucement pour faire place à des gestes qu'il maîtrise de plus en plus.

Couché sur le ventre, il réussit à lever la tête pour observer ce qui l'entoure. Il est curieux et adore être placé au cœur de l'activité. Il peut soulever bras et jambes à l'unisson et tourner la tête. Quand vous le tenez debout sur vos genoux, il pousse sur ses pieds et allonge les jambes, tout heureux de faire un peu d'exercice. Changez-le de position souvent: il en sera ravi, s'ennuiera moins et sera moins porté à pleurer.

Bébé commence à essayer de saisir les objets, mais il manque encore d'orientation et maîtrise mal le mouvement de ses mains. On assiste à un corps à corps avec lui-même en attendant la conquête de l'espace…

Lundi

Mardi

Mercredi

Jeudi

Vendredi

Samedi

Dimanche

Les progrès de mon enfant: ....

12e semaine

De sages précautions

Selon le pays que l'on habite, il est recommandé ou obligatoire de faire vacciner les bébés pour les protéger contre certaines maladies telles que la diphtérie, la coqueluche, le tétanos, la poliomyélite, la rougeole, la rubéole et les oreillons.

À la sortie de l'hôpital ou de la maison de naissance, on vous a remis un carnet de santé pour votre enfant. Apportez-le à chaque visite chez le médecin. On y inscrira l'évolution de sa taille et de son poids, et l'on notera chacun des vaccins qu'il recevra. Il est essentiel de garder ce carnet à jour.

Certains bébés présentent une réaction passagère à la suite d'un vaccin. Une petite bosse douloureuse apparaît parfois là où il a été injecté. Une débarbouillette d'eau froide appliquée pendant une demi-heure sur cette région soulagera l'enfant. S'il a de la fièvre, donnez-lui de l'acétaminophène, selon les quantités fixées par votre médecin ou l'infirmière qui a fait le vaccin. Il se sentira bientôt mieux.

Jouer dehors

Les promenades en poussette au grand air font le plus grand bien aux bébés… et à leurs parents. Le bébé, même tout petit, y trouve de la distraction, de l'air frais à respirer, de nouvelles choses à voir. Dès qu'il peut se tenir assis, confortablement calé dans des coussins ou des couvertures, il prend plaisir à observer la rue, le parc, les voitures, les arbres, les oiseaux.

Si vous le pouvez, pourquoi ne pas faire dormir bébé dehors? Habillé convenablement et installé à l'ombre dans sa poussette, il y fera peut-être de plus beaux dodos que dans son lit. Sans compter que même les bébés qui ont peine à trouver le sommeil tombent souvent profondément endormis lorsqu'on les promène en poussette…

Semaine du _____ au _____

Lundi

....
....
....
....

Mardi

....
....
....
....

Mercredi

....
....
....
....

Jeudi

....
....
....
....

Vendredi

....
....
....
....

Samedi

....
....
....
....

Dimanche

....
....
....

Les progrès de mon enfant: ....
....
....
....
....

À 3 mois

Remarques: ....
....
....
....
....
....

À 4 mois

Remarques: ....
....
....
....
....
....

13e semaine

L'île aux trésors

Véritable île aux trésors, la chambre de votre poupon doit être à la fois accueillante et fonctionnelle. Comme bébé y passera la majeure partie de son temps au cours des premiers mois, il importe d'y créer un environnement sain. Évitez les tapis et l'accumulation de jouets en peluche, qui deviennent vite des ramasse-poussière. Claire, aérée régulièrement, même en hiver, la chambre doit être adaptée aux besoins de l'enfant en même temps que sécuritaire. Évitez de la surchauffer: la température idéale de cette pièce sera de 20 °C le jour et de 18 °C la nuit.

Déjà, à deux mois, bébé se tortille et se déplace. Son lit ou son berceau doit être choisi en conséquence. Il doit notamment respecter les normes gouvernementales pour que votre enfant y soit en sécurité. L'espace entre les barreaux ne doit pas dépasser 6 cm. On choisira de préférence un matelas ferme dont les dimensions correspondent à celles du lit pour éviter que la tête du bébé ne puisse se coincer entre le matelas et le lit. La hauteur du côté du lit doit atteindre 66 cm. Bébé n'a pas besoin d'oreiller, dans lequel il risquerait de s'étouffer.

Un bébé en sécurité

Entre trois et cinq mois, bébé se redresse, s'agite et porte à sa bouche tout ce qui se trouve à sa portée. Il faut donc veiller à installer son matelas le plus bas possible dans son lit, si ce n'est déjà fait, pour éviter toute possibilité de chute. Éloignez de lui ou faites disparaître tout jouet avec lequel il pourrait se blesser.

Entre six et neuf mois, bébé marche à quatre pattes, se lève en s'accrochant aux meubles et fait tomber tout ce que ses petites mains peuvent attraper. Installez une barrière à l'entrée des escaliers, munissez les prises de courant de capuchons de sécurité et les coins de meubles de plastiques protecteurs, remplacez les nappes par des napperons. Attention aux fils qui pendent et aux poignées de casseroles à sa portée. Attachez bébé lorsqu'il est dans sa chaise haute. Si vous avez d'autres enfants, faites un tri des jouets pour mettre hors de la portée de bébé ceux avec lesquels il risque de se blesser ou de s'étouffer. Vous ne pouvez pas le surveiller à chaque instant!

Lundi

Mardi

Mercredi

Jeudi

Vendredi

Samedi

Dimanche

Les progrès de mon enfant: ....

14e semaine

Au nom du père, de la mère… et de la gardienne!

Aujourd'hui, dans plusieurs pays, les congés parentaux permettent non seulement à la mère mais aussi au père de prendre congé du travail pour s'occuper de son bébé. Vient tout de même un jour où il faut confier bébé à une tierce personne pour retourner au travail ou, tout simplement, pour faire une sortie en amoureux.

Vous devez apporter une attention toute particulière au choix de la personne qui prendra soin de votre enfant. Optez pour quelqu'un qui a de l'expérience et qui est à l'aise avec les jeunes bébés. La personne choisie doit être en bonne santé physique et mentale, et vous devez vous assurer que vous n'entrerez pas en conflit avec elle. Lors de l'entrevue, abordez la question de l'éducation des enfants, mais parlez aussi d'autres sujets pour bien la connaître avant de faire votre choix.

À ne pas oublier (voir le guide de la gardienne en annexe):

- Laissez à la gardienne les numéros de téléphone où l'on peut vous joindre ainsi que celui d'une autre personne qu'elle peut appeler en cas d'urgence. Si l'on ne peut vous joindre, téléphonez vous-même de temps à autre pour prendre des nouvelles.
- Placez près du téléphone les numéros à composer en cas d'urgence: hôpital, ambulance, médecin, centre antipoison, etc. Vous en aurez peut-être besoin vous-même un jour.

- Si votre enfant souffre d'allergies ou de tout autre problème de santé, informez-en la gardienne. Donnez-lui des directives claires et précises en ce qui concerne les médicaments qu'il doit prendre.
- Si votre enfant se fait garder chez vous, faites le tour de la maison avec la personne à qui vous le confiez. Montrez-lui les endroits à surveiller plus étroitement, indiquez-lui les précautions à prendre. Dites-lui comment verrouiller et déverrouiller les portes et à quels moments le faire. Vérifiez qu'elle saura comment procéder en cas d'incendie ou si l'enfant se blesse, vomit ou s'étouffe.

On n'est jamais trop prudent. Après tout, vous confiez à cette personne votre plus grand trésor!

Semaine du _____ au _____

Lundi
....
....
....
....
....

Mardi
....
....
....
....
....

Mercredi
....
....
....
....
....

Jeudi
....
....
....
....
....

Vendredi
....
....
....
....
....

Samedi
....
....
....
....
....

Dimanche
....
....
....
....
....

Les progrès de mon enfant: ....
....
....
....
....

15e semaine

Un... puis deux... et puis trois

Vous et votre conjoint êtes devenus parents, mais vous êtes toujours un couple. Bien sûr, actuellement, votre vie est axée sur le bébé, mais il n'en sera pas toujours ainsi. Les enfants grandissent, deviennent de plus en plus autonomes et finissent par quitter le foyer. Même si vous considérez votre enfant comme l'expression la plus parfaite de votre amour, vous devez veiller à ne pas mettre votre intimité amoureuse en péril et à protéger votre relation. Ce n'est pas votre enfant qui consolidera votre attachement réciproque ou, si vous éprouvez quelque difficulté dans votre couple, qui sauvera votre union... c'est vous. Prévoyez des moments pour vous deux même si vous êtes très occupés.

La nouvelle maman doit prendre garde de ne pas exclure son conjoint en s'enfermant dans une bulle avec le bébé, surtout pendant le congé de maternité. Une telle attitude ne ferait qu'éloigner peu à peu le papa d'elle et du bébé. Dure réalité quand on a si besoin de l'autre! Rien de tel en effet qu'un juste partage des tâches pour que chacun se sente concerné par les progrès de bébé. Alterner les tâches ménagères et les soins au nouveau-né permet aux deux parents de se sentir également importants dans sa vie.

La grossesse et la venue de bébé comportent leur part de stress, même si l'on a idéalisé la maternité. Il en va de même pour le retour au travail. Il est essentiel pour le couple de discuter des changements qu'a entraînés l'arrivée du bébé dans leur vie. La communication est la clé du succès: il importe de s'ouvrir l'un à l'autre avec franchise et honnêteté.

Ainsi, ce bébé sera peut-être suivi d'un autre, puis d'un autre... pour votre plus grand bonheur à tous les deux.

La planète bébé

La curiosité de bébé se manifeste très vite. Son regard cherche les objets en mouvement, la lumière. Il essaie très tôt de toucher les objets dans son berceau ou votre visage quand vous le tenez dans vos bras. Bien que son inexpérience ne lui permette pas d'y arriver, il ne se décourage pas pour autant.

Avec le temps, il développera son imagination et s'amusera à inventer des aventures. Son sens de la créativité en éveil, il évoluera dans un monde dont il aura seul le secret.

Déjà, le nouveau-né imite vos mimiques et exprime ses émotions à l'aide des mêmes expressions faciales que les adultes. Son petit monde intérieur se développe dans le quotidien, dans la mesure où vous veillez à lui fournir des centres d'intérêt. Prenez-le, entourez-le, parlez-lui; il en a besoin.

Semaine du _____ au _____

Lundi

....
....
....
....
....

Mardi

....
....
....
....
....

Mercredi

....
....
....
....
....

Jeudi

....
....
....
....
....

Vendredi

....
....
....
....
....

Samedi

....
....
....
....
....

Dimanche

....
....
....
....
....

Les progrès de mon enfant: ....
....
....
....
....

16e semaine

Quoi de neuf, docteur?

Les visites de routine chez le pédiatre sont nombreuses au cours de la première année de vie. Ces rencontres fréquentes permettent à celui-ci de déceler dès le départ chez votre enfant tout comportement inhabituel et de traiter le moindre problème dès son apparition.

Habituellement, on rencontre le pédiatre une première fois quand le nouveau-né a deux semaines, puis un, deux, quatre, six, neuf et douze mois. Pour bien préparer bébé à ces visites, pourquoi ne pas jouer au docteur avec lui? Écoutez son petit cœur qui fait *boum boum* comme un tambour, examinez ses oreilles avec la petite lumière qui chante *do ré mi*. Ces petits jeux contribueront à lui faire voir l'examen médical sous un angle amusant plutôt que comme une épreuve à traverser.

De votre côté, préparez une liste de questions avant la visite. N'hésitez pas à les poser toutes même si le médecin semble pressé par le temps. Vous avez besoin d'un guide, surtout si c'est votre premier enfant.

Présentez toujours le carnet de santé du bébé au moment des visites. Ce document médical de première importance vous permet de suivre la croissance de votre poupon. Il sert aussi à prendre note de ses caractéristiques personnelles et à tenir à jour son calendrier de vaccination*.

À qui le p'tit cœur?

Les grands-parents disent souvent qu'ils profitent beaucoup plus des moments vécus avec leurs petits-enfants qu'ils ne l'ont fait avec leurs propres enfants. Comme ils n'ont pas la responsabilité de leur éducation et de leur avenir financier et qu'ils disposent en général de plus de moments de liberté que les parents, ils peuvent consacrer davantage de temps à ces petits êtres qui les émerveillent. Des sorties, des petits cadeaux, des après-midi au parc, des virées au coin de la rue pour déguster un cornet de crème glacée, au gré de l'imagination de chacun! Les tout-petits sont ravis, les parents sont bien contents de ces instants de tranquillité, et les grands-parents prennent un bain de jeunesse! Les joies que peut procurer un enfant sont immenses, et rien ne fait plus plaisir qu'une petite main qui se glisse dans la vôtre et un «Je t'aime» énoncé avec un grand sourire.

Le rôle des grands-parents est souvent méconnu, sous-estimé. On entend dire qu'ils gâtent trop les enfants, qu'ils ne les conseillent pas toujours judicieusement. Mais leur sagesse et leur disponibilité en font parfois les meilleurs amis de leurs petits-enfants, ou du moins des soutiens affectifs importants. L'essentiel en somme, quand il s'agit de s'occuper des enfants, est que chacun respecte l'espace de l'autre.

* Pour mieux comprendre la façon d'établir de bonnes relations entre le médecin, vous et votre enfant, vous pouvez lire L'*Enfant et Son Médecin*, aux Éditions de la Petite Bibliothèque Payot.

Semaine du _____ au _____

Lundi

....
....
....
....
....

Mardi

....
....
....
....
....

Mercredi

....
....
....
....
....

Jeudi

....
....
....
....
....

Vendredi

....
....
....
....

Samedi

....
....
....
....

Dimanche

....
....
....
....

Les progrès de mon enfant: ....
....
....
....
....

17e semaine

En accord avec son corps

«Je commencerai demain!» Penser à soi au cours de la grossesse était plus facile pour la future maman que maintenant, surtout si elle n'avait pas d'autre enfant. Régime alimentaire équilibré, exercices, soins de la peau, grand air, elle ne négligeait rien pour avoir un beau bébé et ne pas rester marquée par la grossesse. Maintenant, bébé accapare pratiquement tout son temps, et elle ne trouve pas l'énergie mentale et physique nécessaire pour faire de l'exercice.

Pourtant, ce n'est pas du luxe que de consacrer de 15 à 20 minutes par jour à fortifier une musculature qui en a pris un coup. Et les 10 à 15 minutes de détente ajoutées à cela remplaceront une partie du sommeil perdu à s'occuper de bébé. Souvent, il n'en faut pas davantage pour se sentir tout à coup merveilleusement reposée.

Autant vous et votre entourage étiez centrés sur la mère pendant la grossesse, autant c'est l'enfant qui est l'objet de toutes les attentions à présent. Pourtant, bébé a besoin d'une mère en forme, et celle-ci a besoin de se retrouver en accord avec son corps. Il n'en tient qu'à vous!

Des exercices appropriés pour maman

Le corps de la mère s'est transformé énormément au cours de la dernière année. D'abord, il s'est fait nid pour accueillir un tout-petit, puis la peau du ventre et des seins s'est étirée, étirée… Ses seins se sont gonflés de lait, puis tout son corps a entrepris la transformation en sens inverse après l'accouchement.

C'est pourquoi les exercices sont les bienvenus pour aider la nouvelle mère à perdre les kilos en trop, à raffermir ses muscles et à tonifier sa peau. Apporter un soin particulier à son corps et à sa condition physique ne peut qu'être bénéfique. Les exercices quotidiens devraient viser la restauration des tissus et le raffermissement des muscles abdominaux, du périnée et des pectoraux. Le poids en trop fondra probablement sans que la nouvelle maman ait à s'en préoccuper. Mais la patience est de rigueur…

| Semaine du _____ au _____ |

Lundi
....
....
....
....
....

Mardi
....
....
....
....
....

Mercredi
....
....
....
....
....

Jeudi
....
....
....
....
....

Vendredi
....
....
....
....
....

Samedi
....
....
....
....
....

Dimanche
....
....
....
....
....

Les progrès de mon enfant: ....
....
....
....
....

18e semaine

Manger comme un grand

Entre l'âge de quatre et six mois, bébé est prêt à consommer des aliments solides. Quand? Là est toute la question.

Rien ne sert de se presser. Au contraire, introduire trop tôt les aliments solides risque de provoquer une réaction d'intolérance chez le bébé dont le système digestif n'a pas atteint la maturité nécessaire. Il faut donc attendre que votre tout-petit ait au moins quatre mois et qu'il semble insatisfait de sa ration de lait. Le bébé allaité qui vide les seins à chaque tétée et pleure ensuite a sans doute faim. C'est la même chose pour celui qui avale 240 ml de lait cinq ou six fois par jour et qui en voudrait encore. C'est le moment de lui donner des céréales pour bébé. Il faut toutefois garder à l'esprit que ce n'est pas toujours aussi évident. Même si le poupon ne manifeste pas ses besoins de façon aussi claire, on conseille de ne pas dépasser l'âge de six mois pour entreprendre l'introduction des aliments solides.

Qu'est-ce que c'est que ça?

Il est naturel que le bébé habitué à téter depuis plusieurs mois soit quelque peu perplexe ou qu'il ait l'air dégoûté en prenant ses premières cuillerées d'aliments solides. Soyez patients. De toute façon, les débuts se font très lentement: on donne d'abord au petit une purée très claire qu'il a tendance à téter dans la cuillère. Ne le forcez surtout pas à manger. Il doit apprivoiser cette nouvelle activité.

Ne vous inquiétez pas: il ne court aucun risque de mourir de faim. Les aliments solides ne viennent pas remplacer le lait, mais bien compléter l'apport de celui-ci. Lorsque votre bébé pleure ou refuse d'ouvrir la bouche, cela signifie que le repas est fini. Il connaît ses besoins.

D'ailleurs, son appétit, tout comme le vôtre, peut varier pour une raison ou pour une autre. Occupez-vous de la qualité de ce que vous lui offrez et laissez-le s'occuper de la quantité. Pas de sucre, pas de sel, seulement des aliments santé.

Attention: avant l'âge de six mois, on donne le lait d'abord et les aliments solides ensuite. Le lait conserve la priorité. C'est la base de l'alimentation de bébé.

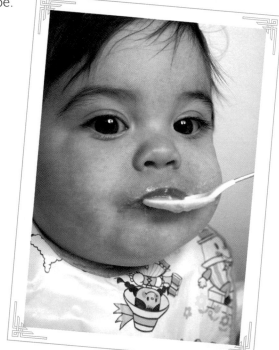

Semaine du _____ au _____

Lundi

....
....
....
....

Mardi

....
....
....
....

Mercredi

....
....
....
....

Jeudi

....
....
....
....

Vendredi

....
....
....
....

Samedi

....
....
....
....

Dimanche

....
....
....

Les progrès de mon enfant: ....
....
....
....
....

19ᵉ semaine

Papa à part entière

Plus que leurs propres pères, les pères d'aujourd'hui veulent participer aux soins donnés aux tout-petits. Avec hésitation au début — mais qui n'éprouve pas une certaine crainte à manipuler un nouveau-né? —, on les voit promener bébé dans sa poussette, donner le biberon… et même changer les couches!

Bien sûr, comme c'est la mère qui est enceinte, qui accouche, qui allaite et qui prend un congé de maternité, elle devient vite, par la force des choses, la «spécialiste» de bébé. Mais avec un peu de bonne volonté de part et d'autre, le papa peut lui aussi se tailler une place auprès de l'enfant. À la mère de l'encourager et, surtout, de ne pas critiquer ses premières tentatives parfois malhabiles. Avec le temps, il prendra de l'assurance. Le bébé ne peut que profiter de ces deux approches différentes: il fait l'apprentissage de la diversité. Papa découvrira très vite que donner le bain à son tout-petit ou le nourrir ne sont pas des corvées mais plutôt des occasions extraordinaires de communiquer avec lui.

Dès le départ

La relation entre un père et son fils est cruciale. Vers l'âge de trois ans, le garçon observe beaucoup son père et tente de l'imiter. Il veut «faire comme papa». Il reprend ses gestes, ses expressions, ses intonations. Il conduit sa petite auto comme papa et, quand il sera grand, il ira travailler comme papa… et se mariera avec maman!

Pour la petite fille, le père est la première image du sexe masculin. En bâtissant dès le départ une relation approfondie avec elle, il lui fournit les outils nécessaires pour interagir plus tard avec les hommes.

Chaque geste a son importance. L'amour du père peut s'exprimer au jour le jour dans les soins donnés au bébé, qui profitera ainsi d'une double ration de câlins.

Semaine du _____ au _____

Lundi
....
....
....
....
....

Mardi
....
....
....
....
....

Mercredi
....
....
....
....
....

Jeudi
....
....
....
....
....

Vendredi
....
....
....
....
....

Samedi
....
....
....
....
....

Dimanche
....
....
....
....

Les progrès de mon enfant: ....
....
....
....
....

20e semaine

De tout son cœur

Cet enfant que vous aimez, que vous cajolez, ce n'est pas un enfant comme les autres, c'est *le vôtre*. Il est unique et irremplaçable. Il arrive parfois qu'il ait besoin de soins particuliers. L'enfant qui a une santé fragile, une maladie héréditaire ou un déficit intellectuel ne correspond pas nécessairement aux normes établies en ce qui a trait au développement. Mais, dans votre cœur, il prend toute sa place.

Reconnaître que son enfant est différent est le premier pas à franchir. Ensuite, il faut s'informer adéquatement pour pouvoir l'orienter en fonction de ses aptitudes et de ses capacités. Il faut le protéger, et non le surprotéger; apprendre à le soigner le mieux possible sans l'étouffer sous ses propres appréhensions.

En lui accordant toute votre confiance et tout votre appui, vous l'aiderez à faire son chemin dans la vie. Ces enfants souvent particulièrement doux et affectueux sont une grande source de joie pour leur entourage.

La peau la plus douce

Maintenant que bébé a grandi, vous pouvez le laisser s'ébattre quelques instants nu ou en sous-vêtements avant de lui donner son bain si la température ambiante est suffisamment élevée. Le système qui régularise sa température corporelle fonctionne à pleine capacité, et sa couche de graisse lui permet de conserver sa chaleur.

Bébé appréciera ce moment de liberté au cours duquel sa peau pourra mieux respirer. Profitez-en pour en apprécier la douceur. Quel plaisir!

Semaine du _____ au _____

Lundi
....
....
....
....
....

Mardi
....
....
....
....
....

Mercredi
....
....
....
....
....

Jeudi
....
....
....
....
....

Vendredi
....
....
....
....
....

Samedi
....
....
....
....
....

Dimanche
....
....
....
....

Les progrès de mon enfant: ....
....
....
....
....

À 5 mois

Remarques: ....
....
....
....
....
....

À 6 mois

Remarques: ....
....
....
....
....
....

21ᵉ semaine

Ne *pleure pas, bébé*

Chaque enfant a ses propres «consolateurs»: un ourson en peluche, une «doudou», un coin de couverture, une sucette ou son pouce. Cet objet irremplaçable est appelé à la rescousse pour effacer les angoisses du tout-petit, ou tout simplement pour l'aider à se calmer avant de s'endormir.

Ces objets donnent un sentiment de sécurité au bébé. Quand il serre son nounours préféré contre lui, il retrouve un peu la sensation d'être dans les bras de ses parents. Cela lui apporte tendresse et réconfort.

L'odeur de cet objet est importante pour lui, aussi faut-il éviter de le laver trop souvent. Et surtout, ne l'oubliez jamais au moment de partir; vous pourriez être contraints de refaire le trajet en sens inverse pour récupérer l'irremplaçable doudou!

Vive *la liberté*!

Bébé lance un cri, vous le prenez dans vos bras, le bercez ou le promenez. Dès que vous le remettez dans son siège ou dans son berceau, il recommence à pleurer. L'inévitable question vous vient à l'esprit: «Ne suis-je pas en train de le gâter?» Personne ne veut devenir l'esclave d'un bébé tyran qui ne peut se passer un instant de ses parents.

Avant l'âge de trois mois, vous ne pouvez gâter un enfant. Quand il pleure, ce n'est pas par calcul ou pour vous manipuler. Il en serait bien incapable. S'il cesse de pleurer quand vous le prenez dans vos bras, c'est tout simplement parce que cela le rassure ou que le changement de position lui fait du bien. Ce petit dépend entièrement de vous pour son bien-être.

À mesure qu'il grandit, il commence à se consoler et à se distraire tout seul. Il peut dorénavant utiliser ses mains et entreprend doucement de s'occuper lui-même par le jeu. Encouragez-le en lui tendant un hochet plutôt que de vous précipiter pour le prendre dans vos bras au premier cri. Concentré sur les mouvements de son mobile, il oubliera peut-être de réclamer votre présence. C'est un apprentissage essentiel pour l'enfant que de s'habituer à être seul dans son lit ou dans son siège. À l'heure du dodo, en particulier, vous apprécierez que votre petit s'endorme de lui-même plutôt que de ne pouvoir trouver le sommeil hors de vos bras. L'aimer, c'est aussi lui apprendre l'autonomie… même à cet âge!

Semaine du _____ au _____

Lundi

Mardi

Mercredi

Jeudi

Vendredi

Samedi

Dimanche

Les progrès de mon enfant: ....

22ᵉ semaine

Les grands explorateurs…

Vous est-il arrivé d'observer attentivement votre enfant en présence d'un jouet ou d'un objet quelconque? De remarquer cette curiosité précoce qu'il manifeste? Il le regarde, cherche à le toucher, réussit enfin à l'attraper, le tourne dans tous les sens, le porte à sa bouche, le frappe contre un meuble… Il explore.

À cet âge où il faut le surveiller sans arrêt, bébé pourrait facilement venir à bout de votre patience. Mais cet objet précieux qu'il mouille de sa salive, il ne l'a pas pris pour vous embêter, mais parce qu'il découvre le monde. Plutôt que de vous échiner à lui opposer un non catégorique chaque fois qu'il tente de s'emparer de quelque chose, entourez-le d'objets qu'il peut prendre et mordiller sans risquer de se blesser ou de les abîmer. Son développement physique, intellectuel et affectif en dépend.

Que donner à un bébé de cet âge? Des hochets munis de parties mobiles, des jouets en caoutchouc qui produisent des sons, un trousseau de clés en plastique. Des jouets très colorés qui attireront son regard. Des objets incassables, parce que faire attention ne fait pas encore partie de son vocabulaire. Et, bien sûr, des jouets lavables, parce que dans peu de temps, bébé abandonnera son petit coin protégé pour partir à quatre pattes à la conquête de la maison. Comme il traînera ses jouets partout, les nettoyer de temps à autre deviendra indispensable.

Mais avant cela, votre tout-petit délaissera la position couchée pour s'asseoir, libérant ainsi ses bras et ses mains pour mieux jouer. Assis dans son coin, il semblera régner sur son petit univers, heureux comme un roi.

Et la marchette?

Parfois, les parents d'un bébé de cet âge lui offrent une marchette, croyant l'aider à faire l'apprentissage de la marche. Ce n'est pas nécessaire, et en plus, c'est dangereux.

Ramper et marcher à quatre pattes sont des activités qui jouent un rôle essentiel dans l'évolution physique de l'enfant. Cela le prépare parfaitement à la marche.

Par ailleurs, les marchettes sont la cause de nombreux accidents parce qu'elles permettent au bébé de se déplacer très vite… parfois plus vite que le regard du parent qui surveille! Elles peuvent basculer en entrant en contact avec un objet ou un rebord, ou même dégringoler un escalier dont l'entrée serait mal fermée.

Si vous décidez tout de même d'acheter ou d'emprunter une marchette, surveillez bébé attentivement. Surtout, ne le laissez pas des heures durant dans sa marchette sous prétexte qu'ainsi il ne vous dérange pas.

Lundi

....

....

....

....

....

Mardi

....

....

....

....

....

Mercredi

....

....

....

....

....

Jeudi

....

....

....

....

....

Vendredi

....

....

....

....

....

Samedi

....

....

....

....

....

Dimanche

....

....

....

....

Les progrès de mon enfant: ....

....

....

....

....

23ᵉ semaine

Fragile

Comme la rose, votre bébé a besoin d'air et de lumière pour s'épanouir. Mais comme elle aussi, il demeure fragile aux variations de température. Si vous ne pouvez le sortir tous les jours, prenez soin d'aérer sa chambre. Au printemps, en été et en automne, bébé peut dormir dehors dans sa poussette à laquelle on aura ajouté une moustiquaire, bien protégé du soleil et habillé convenablement pour la saison. C'est excellent pour lui.

L'humidité, la chaleur, le froid, la sécheresse et le soleil sont des ennemis de la petite peau fraîche de votre poupon. Les huiles d'amande douce, de noisette ou de germe de blé aident à préserver l'élasticité de la peau. On doit hydrater plus particulièrement les endroits sensibles à l'irritation. Hypoallergéniques, faits de produits naturels et souvent biodégradables, les produits pour bébé sont aujourd'hui plus pratiques et plus sains qu'auparavant.

Évitez en tout temps d'exposer les enfants de moins de six mois au soleil. Par la suite, protégez minutieusement leur peau à l'aide d'une crème solaire de qualité avec un FPS de 30. Il ne faut jamais laisser un bébé au soleil au milieu de la journée, car les rayons sont alors beaucoup trop forts. Avec une protection adéquate, on pourra laisser les enfants jouer au soleil le matin ou vers la fin de l'après-midi. Et ne faites aucun compromis sur le chapeau: pas de petite tête nue au soleil!

L'expert en douceur

Dans certaines cultures, par exemple en Inde, on accorde depuis longtemps une grande importance au contact physique avec le bébé, notamment par le massage. Chez nous, c'est une idée toute neuve encore, mais il ne fait pas de doute que le massage figure parmi les plus merveilleux contacts qui soient entre un parent et son enfant.

Les efforts que vous consacrerez à ces moments uniques favoriseront le développement de votre enfant. Choisissez une période de la journée où il est rassasié et calme, et où, détendus et à l'écoute, vous avez le loisir de prendre votre temps.

Des huiles naturelles ou des gels légers adouciront vos gestes de tendresse. Vous pouvez parler à votre tout-petit à voix basse en le massant. Il vous répondra avec des gestes et des sourires.

Semaine du _____ au _____

Lundi

....
....
....
....

Mardi

....
....
....
....

Mercredi

....
....
....
....

Jeudi

....
....
....
....

Vendredi

....
....
....
....

Samedi

....
....
....
....

Dimanche

....
....
....
....

Les progrès de mon enfant: ....
....
....
....
....

Remarques: ....
....
....
....
....
....

Semaine du _____ au _____

Lundi

....
....
....
....
....

Mardi

....
....
....
....
....

Mercredi

....
....
....
....
....

Jeudi

....
....
....
....
....

Vendredi

....
....
....
....
....

Samedi

....
....
....
....
....

Dimanche

....
....
....
....
....

Les progrès de mon enfant: ....
....
....
....
....

25ᵉ semaine

Moi et la tirelire

Avant de prendre la décision de concevoir un enfant, certains couples se livrent à de savants calculs pour s'assurer d'avoir les reins assez solides sur le plan financier. D'autres se retrouvent avec une surprise, heureuse, certes, mais une surprise tout de même. D'autres encore refusent de soumettre une décision aussi importante que celle d'avoir un enfant à des considérations matérielles. Peu importe votre philosophie, vous devez dorénavant intégrer bébé à la planification de votre budget.

Souvent, la première année n'est pas trop difficile. Grâce aux cadeaux des parents et des amis et à tout ce que l'on vous a prêté, vous vous en sortez bien, surtout si vous avez décidé d'allaiter votre bébé, la solution la plus économique.

À partir du moment où ce bébé s'est mis à grandir dans votre ventre, vous avez commencé à faire des plans. Sa chambre, la salle de jeu, le carré de sable, la galerie qu'il faudrait construire, la clôture pour qu'il puisse jouer en sécurité… Il faudra planifier tous ces investissements afin d'éviter d'avoir à couper de façon draconienne dans vos dépenses habituelles.

Comment économiser? Soyez astucieux. Les petits pots sont bien commodes, mais en quelques minutes vous pouvez confectionner de savoureuses purées tout aussi pratiques puisqu'elles peuvent être congelées. Bébé mange si peu que les quantités à préparer sont minimes. Quant aux couches, pourquoi ne pas songer aux couches de coton quand vous êtes à la maison? Il existe dans certaines régions des services de nettoyage de couches très appréciés. Peut-être une tante ou une grand-mère peut-elle coudre des vêtements pour bébé? Et les cadeaux que l'on se croit obligés d'offrir à son enfant à chaque anniversaire et à chaque fête sont-ils vraiment indispensables? Si l'on s'arrêtait quelques secondes pour y penser, on découvrirait que bébé se contenterait souvent de bien moins.

Bien sûr, si maman et papa travaillent, c'est le poste budgétaire «Garderie» qui sera le plus imposant. Informez-vous sur les programmes conçus pour aider les familles. Vous pourrez ainsi trouver le moyen le plus économique et le plus approprié de faire garder votre enfant.

C'est en apprenant dès maintenant à équilibrer votre budget «Enfants» que vous pourrez vous rendre sans trop de heurts jusqu'aux études supérieures de votre progéniture…

Lundi

....
....
....
....
....

Mardi

....
....
....
....
....

Mercredi

....
....
....
....
....

Jeudi

....
....
....
....
....

Vendredi

....
....
....
....
....

Samedi

....
....
....
....
....

Dimanche

....
....
....
....

Les progrès de mon enfant: ....
....
....
....
....

Gain de poids de bébé

Poids à la naissance: ....

À 1 mois ....

À 2 mois ....

À 3 mois ....

À 4 mois ....

À 5 mois ....

À 6 mois ....

À 7 mois ....

À 8 mois ....

À 9 mois ....

À 10 mois ....

À 11 mois ....

À 12 mois ....

Bébé grandit

Bébé grandit

À la naissance, il mesure .... cm

À 1 mois, il mesure .... cm

À 2 mois, il mesure .... cm

À 3 mois, il mesure .... cm

À 4 mois, il mesure .... cm

À 5 mois, il mesure .... cm

À 6 mois, il mesure .... cm

À 7 mois, il mesure .... cm

À 8 mois, il mesure .... cm

À 9 mois, il mesure .... cm

À 10 mois, il mesure .... cm

À 11 mois, il mesure .... cm

À 12 mois, il mesure .... cm

Les grands événements

Mon premier sourire

Mon premier jouet

Mon premier ourson

Ma première visite chez le médecin

Mon premier vaccin

Ma première nuit

Mon premier voyage

Ma première gardienne

Ma première coupe de cheveux

On baptise bébé

Né le

À

Baptisé le

À

Par

Nom

Mère

Fille de

et de

Père

Fils de

et de

Parrain

Marraine

Ma famille

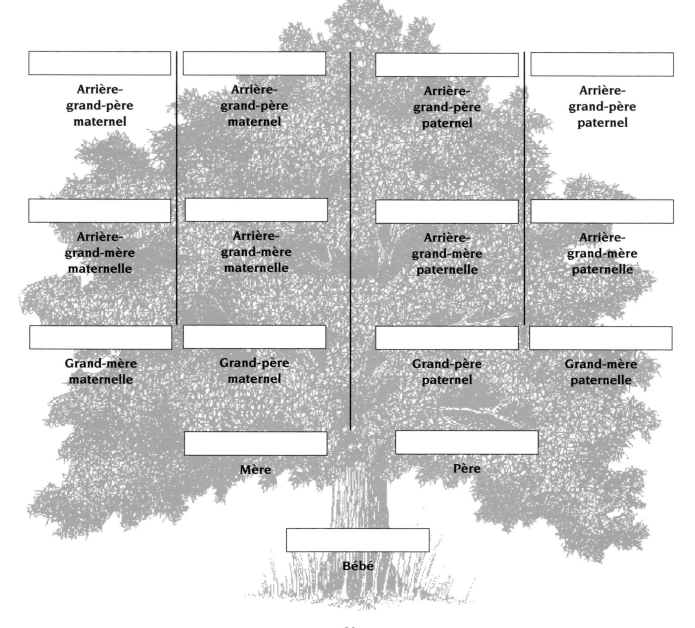

Arrière-grand-père maternel

Arrière-grand-père maternel

Arrière-grand-père paternel

Arrière-grand-père paternel

Arrière-grand-mère maternelle

Arrière-grand-mère maternelle

Arrière-grand-mère paternelle

Arrière-grand-mère paternelle

Grand-mère maternelle

Grand-père maternel

Grand-père paternel

Grand-mère paternelle

Mère

Père

Bébé

La page des visiteurs

Les cadeaux reçus

Un commentaire de...

Maman

Papa

Grand-maman

Grand-papa

Grand-maman

Grand-papa

Marraine

Parrain

Aide-mémoire de la gardienne

Nom du bébé: ....

BIBERONS & REPAS

Heures des biberons: .... Combien de ml ....

.... Combien de ml ....

.... Combien de ml ....

.... Combien de ml ....

À quelle température: ....

Comment le chauffer: ....

Intervalles des rots ....

Comment faire passer le rot ....

Est-ce qu'il régurgite? ....

Il boit à la tasse le .... ou le ....

Il tient son biberon au .... Il s'endort avec sa suce ❏   son biberon ❏

À .... il mange (quantité) .... de (aliments) ....

À .... il mange (quantité) .... de (aliments) ....

À .... il mange (quantité) .... de (aliments) ....

À .... il mange (quantité) .... de (aliments) ....

Il / elle mange seul(e) ❏   avec de l'aide ❏

S'il refuse de manger: ....

SOMMEIL ET SIESTE

Sieste de .... à ....

de .... à ....

Il dort la nuit de................... à ....

Notre enfant aime dormir sur le côté ❏, sur le dos ❏, sur le ventre ❏,
avec de la lumière ❏, de la musique ❏, autre:...

S'il pleure, vérifiez s'il a faim ❏, s'il a des coliques ❏, s'il est mouillé ❏,
s'il a sa suce ❏, s'il veut être changé de position.

CONSEILS

Pour l'endormir vous pouvez:

le bercer ❏

lui frotter le dos ❏

le promener ❏

lui donner sa suce ❏

lui donner son toutou favori

qui est ....

Aide-mémoire des urgences

Collez ici le n° de téléphone où l'on peut vous joindre: ....

Police ....   Hôpital ....

Ambulance ....   Urgence de l'hôpital ....

Urgence-santé ....   Centre anti-poison ....

Médecin: Nom: ....

       Téléphone: ....

       Adresse: ....

Si vous avez besoin d'aide, appelez: ....   N° de téléphone: ....

                 N° de téléphone: ....

Taxi: ....   N° de téléphone: ....

Voisins. ....   N° de téléphone: ....

                 N° de téléphone: ....

Nom et prénom des parents: ....

Nom et prénom des enfants: ....   Né le: ....

                 Né le: ....

                 Né le: ....

                 Né le: ....

Allergies ou problèmes de santé: ....

La trousse de premiers soins se trouve: ....

Le médicament: ....   se trouve: ....

                 se trouve: ....

Le carnet médical et/ou la carte médicale se trouve: ....

Que faire en cas de panne électrique: ....

La lampe de poche se trouve: ....

Les chandelles et allumettes se trouvent: ....

L'argent de poche se trouve: ....

NOTE: *laissez à la gardienne la carte d'assurance maladie de l'enfant en cas de besoin.*

26e semaine

Tout doux!

Maman retourne au travail et doit renoncer aux beaux moments passés à allaiter bébé? Cela vous cause peut-être quelque inquiétude. Mais lorsqu'il est bien planifié, le passage du sein au biberon ou au gobelet se fait en général très bien.

D'abord, informez-vous auprès de votre pédiatre ou de votre CLSC pour savoir quel lait donner à votre enfant. Est-il assez grand pour le lait de vache ou faut-il vous en tenir au lait maternisé? Profitez-en pour demander des conseils sur la façon de diminuer l'allaitement ou d'y mettre fin.

L'essentiel, c'est de procéder par étapes. Commencez le processus au moins trois semaines avant le retour au travail. Vous remplacerez d'abord une tétée par un biberon, en général au milieu de la journée. Bien sûr, les seins de la mère seront un peu douloureux lorsque approchera l'heure de la tétée suivante, mais après quelques jours ils se seront adaptés et la maman ne sentira plus la différence. Ce sera le moment d'éliminer une autre tétée. Votre bébé buvant moins, vous produirez moins de lait.

Rien ne vous oblige à interrompre l'allaitement complètement. Si c'est possible, vous pouvez conserver la tétée du matin et celle du soir, ou même seulement cette dernière. Les seins de la mère produiront le lait nécessaire, et cela lui permettra de conserver une partie des avantages que présente l'allaitement pour elle et pour bébé.

Pouponnez aussi votre peau

Comment un si petit être peut-il prendre autant de place dans une journée et exiger autant d'énergie? La nouvelle mère essaie de trouver le temps de prendre soin de sa peau, qui s'est étirée et qui a parfois récolté quelques vergetures, et de ses seins, qui se sont gonflés.

Il existe un grand nombre de produits aux effets adoucissants qui peuvent aider à régénérer les tissus. Mais surtout, le repos, la détente et les bains tièdes font merveille pour la peau… et pour le moral! Pendant sa grossesse, la mère a bénéficié d'un bon massage donné par son conjoint, une amie ou un professionnel? Essayez de renouveler l'expérience! Ce sera tout aussi bienfaisant aujourd'hui pour la peau, les muscles, la circulation et le système nerveux. L'expérience lui donnera une sensation merveilleuse de légèreté, de calme et de bien-être. Les huiles hydratantes comme l'huile de coco ou d'amande douce pourront également être bénéfiques pour la peau.

Semaine du _____ au _____

Lundi

....
....
....
....
....

Mardi

....
....
....
....
....

Mercredi

....
....
....
....
....

Jeudi

....
....
....
....
....

Vendredi

....
....
....
....

Samedi

....
....
....
....

Dimanche

....
....
....
....

Les progrès de mon enfant: ....
....
....
....
....

27e semaine

M'en allant promener

L'utilisation d'un siège d'auto pour enfant est maintenant obligatoire. Ces sièges ont été grandement améliorés au cours des dernières années, tant du point de vue du confort qu'en ce qui a trait à la sécurité.

Il n'est pas toujours simple d'acheter un siège car, en plus d'avoir à choisir parmi différents modèles à prix variés, vous devez tenir compte du poids et de la taille de votre enfant. Voici un petit guide qui vous aidera à vous y retrouver.

Le nourrisson, jusqu'à ce qu'il pèse 9 kg, doit être attaché dans un porte-bébé que l'on fixe sur la banquette à l'aide de la ceinture de sécurité. Ce siège peut également servir de fauteuil dans la maison. Le bébé est placé de façon à regarder vers l'arrière de la voiture.

Par la suite, on installe bébé dans un siège orienté vers l'avant de la voiture jusqu'à ce qu'il pèse 18 kg ou que la moitié de son oreille dépasse du dossier. Ce siège, que l'on fixe à la carrosserie de l'auto, est également attaché à la banquette à l'aide de la ceinture de sécurité. Bien sûr, le bébé doit être bien attaché dans son siège.

L'enfant sera ensuite transféré dans un siège d'appoint dont le rôle principal est de le surélever pour que la ceinture de sécurité passe aux bons endroits sur son corps. Lorsque la moitié de son oreille dépassera à nouveau du dossier de la banquette, vous l'installerez comme les adultes.

Il existe certains modèles de sièges polyvalents pouvant être utilisés pour le nourrisson et le bébé jusqu'à ce que celui-ci soit prêt pour le siège d'appoint.

Dans la mesure du possible, on place les sièges d'enfant à l'endroit le plus sûr dans la voiture, c'est-à-dire au milieu de la banquette arrière. Si votre voiture est équipée d'un coussin gonflable du côté du passager, *il faut absolument éviter d'y installer un enfant de moins de 12 ans.* L'ouverture soudaine du coussin pourrait le blesser ou même le tuer. À ne pas oublier quand vos enfants montent en voiture avec grand-maman ou avec tante Hélène!

La parole est d'or

Lorsque vous parlez à votre bébé, vous établissez une relation privilégiée avec lui. Vous créez un climat de confiance. N'ayez pas peur de paraître imbécile en parlant à un enfant qui ne comprend pas ce que vous dites. Sans connaître le sens des mots, bébé peut saisir beaucoup de choses. Et puis, il apprend doucement à vous connaître et à vous reconnaître. En vous regardant avec ses grands yeux, il développe déjà son langage. Il suit le mouvement de vos lèvres, il entend votre voix. Il n'apprendra pas autrement, et il n'est jamais trop tôt pour commencer les leçons!

Semaine du _____ au _____

Lundi

....
....
....
....
....

Mardi

....
....
....
....
....

Mercredi

....
....
....
....
....

Jeudi

....
....
....
....
....

Vendredi

....
....
....
....
....

Samedi

....
....
....
....
....

Dimanche

....
....
....
....

Les progrès de mon enfant: ....
....
....
....
....

À 7 mois

Remarques: ....
....
....
....
....
....

À 8 mois

Remarques: ....
....
....
....
....
....

28e semaine

Délicieux!

Les messages non verbaux reçus dans la petite enfance semblent influencer l'adulte tout au cours de sa vie. Votre attitude à l'égard de l'alimentation de votre enfant risque donc de jouer un rôle important dans sa façon de réagir et de se nourrir toute sa vie durant. Répondant à un besoin primordial, les aliments constitueront pour l'enfant une fête ou une punition selon la façon dont vous les lui aurez présentés. Bien sûr, même tout petit, il sait faire la différence entre le goût du bœuf et celui de la compote de pommes. Mais si vous grimacez en lui offrant le premier et que vous vous extasiez en lui donnant chaque cuillerée de la seconde, vous vous préparez un avenir difficile! Présentez chaque aliment comme un cadeau, et laissez votre enfant faire ses propres choix.

Dès la naissance, le nourrisson établit un lien entre l'alimentation et les émotions. Le moment de boire son lait est aussi celui où il se sent le mieux, tout serré contre vous. Votre rôle commence donc dès le début, et il importe que vous appreniez à deviner le mieux possible la cause des pleurs de votre nouveau-né afin d'éviter d'y répondre systématiquement en le nourrissant.

Nous l'avons dit, l'appétit des bébés, comme le vôtre, varie d'un jour à l'autre. N'insistez pas pour qu'il finisse son biberon ou son bol s'il n'a plus faim et qu'il vous le fait savoir. Assurez-vous cependant qu'il n'est pas simplement distrait par son entourage. Mieux vaut, à partir d'un certain âge, nourrir bébé dans un environnement calme; autrement, sa curiosité le pousse à regarder tout autour et à se désintéresser de son repas.

Une pour papa… Une pour maman…

Nos grands-mères ne donnaient aux bébés que du lait pratiquement jusqu'à l'âge d'un an, alors que nos mères commençaient à offrir des aliments solides aux nourrissons dès l'âge de deux semaines! De nos jours, après de nombreuses études, on conseille d'introduire progressivement les aliments solides dans l'alimentation de bébé entre l'âge de quatre et six mois.

Après six mois, le bébé qui mange déjà des céréales, des légumes et des fruits peut commencer à consommer de la viande, du poisson et du jaune d'œuf. On continuera de lui offrir chaque nouvel aliment en très petite quantité pendant quelques jours avant de lui faire essayer un nouveau produit, de façon à étudier sa réaction. Bébé peut maintenant prendre trois petits repas par jour en plus de boire du lait au réveil et au moment du dodo. Bon appétit!

Semaine du _____ au _____

Lundi
....
....
....
....
....

Mardi
....
....
....
....
....

Mercredi
....
....
....
....
....

Jeudi
....
....
....
....
....

Vendredi
....
....
....
....
....

Samedi
....
....
....
....
....

Dimanche
....
....
....
....

Les progrès de mon enfant: ....
....
....
....
....

29e semaine

Éloignez de moi ce poison!

Vous l'ignorez peut-être, mais certaines de vos plantes peuvent mettre en danger la vie de votre enfant. En effet, les tiges, les fruits, les fleurs ou le feuillage de certaines plantes peuvent empoisonner un petit curieux qui les mâchonnerait. En voici quelques-unes:

À l'extérieur:
- le laurier ou laurier-rose
- les bulbes de jacinthes, de jonquilles ou de narcisses
- l'herbe à puce
- le muguet
- la baie de houx
- l'aconit

À l'intérieur:
- le rhododendron
- le lierre
- le dieffenbachia
- le philodendron
- le caladium

Mais le danger est parfois beaucoup plus proche qu'on ne le pense… Gardez hors de portée de bébé tous les produits domestiques qui peuvent être dangereux s'ils sont ingurgités ou renversés sur une petite peau fragile, notamment:
- l'eau de Javel
- les médicaments
- tous les savons (à vaisselle, à lessive, etc.)
- tous les produits nettoyants
- les insecticides
- les essences
- les aérosols
- l'antigel
- la térébenthine, les produits décapants, etc.

Ouvrez vos armoires du bas et observez-en le contenu d'un œil critique. Retirez-en tout ce qui peut constituer un danger pour votre enfant, ou alors gardez-les toujours fermées à clé. Il vous sera tout à fait impossible d'avoir constamment les yeux fixés sur ce bébé qui se déplacera de plus en plus vite au cours des prochains mois. Sans compter que la gardienne est peut-être moins vigilante que vous… Mieux vaut écarter le danger que de tenter d'éloigner bébé des endroits dangereux. De toute façon, c'est beaucoup plus simple!

Lundi

Mardi

Mercredi

Jeudi

Vendredi

Samedi

Dimanche

Les progrès de mon enfant: ....

30e semaine

Des histoires inventées

Maman a décidé de prolonger son congé de maternité? Papa veut passer quelques mois ou quelques années à la maison avec les tout-petits? Certaines personnes vous regardent avec un drôle d'air quand vous le leur annoncez?

Les époques se suivent mais ne se ressemblent pas. Il n'y a pas si longtemps, la société voyait d'un œil très positif la femme qui demeurait au foyer pour s'occuper de ses enfants. C'était même pratiquement le seul choix possible pour une mère. Aujourd'hui, lorsqu'une maman décide de ne pas travailler à l'extérieur, certains la regardent de haut, comme si elle était moins intelligente, ou moins intéressante. Quant au papa qui décide de jouer son rôle à temps plein, on le regarde comme un spécimen rare.

Soyez assez indépendants pour aller dans le sens de vos désirs et de vos possibilités. Vous êtes la même personne que lorsque vous occupiez un travail rémunéré, et tant pis pour ceux qui ne comprennent pas. Il y a toutes les chances du monde, d'ailleurs, que les parents qui rentrent du boulot crevés cinq soirs par semaine vous regardent avec envie…

Partons, la mère est belle…

D'un biberon à l'autre, de couche sale en couche sale, commencez-vous à vous demander ce qu'il vous reste à vous, juste à vous? Quand ce joli poupon dormait dans le ventre de sa mère, elle était le centre d'attraction, mais dorénavant, il n'y a que lui qui compte.

Secouez-vous, il est temps de confier bébé à quelqu'un et de sortir en amoureux, comme dans le bon vieux temps. Que diriez-vous d'une bonne soirée au cinéma, d'un repas aux chandelles ou d'une longue promenade au soleil couchant? Vous en avez grand besoin tous les deux.

Demandez à la gardienne d'arriver au moins une demi-heure avant l'heure prévue de votre départ. Vous aurez ainsi le temps de lui donner les directives concernant le dodo, le biberon, les couches, etc. Et pourquoi ne pas profiter de sa présence pour vous accorder un bon bain de mousse sans vous presser?

Surtout, ne vous inquiétez pas. Du moment que vous le laissez entre bonnes mains, bébé ne souffrira pas de votre absence. Au contraire: il a avant tout besoin de parents heureux.

Semaine du _____ au _____

Lundi

Mardi

Mercredi

Jeudi

Vendredi

Samedi

Dimanche

Les progrès de mon enfant: ....

31e semaine

L'adorable homme des neiges

Sortir au grand air donne bonne mine, on le sait. Mais en plein hiver, on se demande souvent si l'on peut sortir bébé. Bien que les promenades en traîneau soient toujours agréables, encore faut-il s'assurer que les conditions soient acceptables pour un nouveau-né.

Il faut d'abord savoir qu'en hiver il est préférable de ne pas sortir un bébé de moins de trois semaines pendant plus de quelques minutes. Par la suite, si la température est au-dessus de -12 °C et que le vent n'est pas trop fort, vous pouvez rester à l'extérieur plus longtemps. Le vent empêche les tout-petits de respirer, même en plein été d'ailleurs, et le froid peut vite causer des engelures.

Prenez soin de bien habiller votre bébé. Il ne suffit pas de l'envelopper dans un habit de neige bien fermé muni de fermetures éclair et d'élastiques aux extrémités. Enfilez-lui d'abord des sous-vêtements et des chaussettes de fibres naturelles, puis passez-lui des vêtements chauds, par exemple en laine, par-dessus ses vêtements d'intérieur. Veillez à ne pas gêner sa circulation et à éviter l'humidité.

Au début de l'hiver, ou lorsque bébé atteint l'âge de sortir, contentez-vous de courtes promenades. Il s'habituera progressivement à l'air froid.

Les jours où vous ne pouvez sortir, aérez la chambre de bébé pendant quelques minutes. Il profitera un peu du grand air sans prendre de risques!

Maman kangourou

Le porte-bébé ventral ou dorsal est un accessoire utile pour promener bébé ou pour faire des courses avec lui, mais il convient de l'utiliser avec prudence, surtout l'hiver.

Le plus grand danger reste bien sûr les engelures. En effet, la circulation peut être coupée dans les membres inférieurs de l'enfant à cause de l'épaisseur de ses vêtements coincée dans le porte-bébé. Les jambes étant immobiles, des engelures graves peuvent survenir dans un laps de temps très court.

On doit toutefois limiter l'utilisation du porte-bébé même lorsque la température est clémente. D'abord, tant que bébé ne tient pas sa tête lui-même, il faut le faire pour lui. Par ailleurs, on ne doit jamais laisser un enfant dans le porte-bébé pendant plus d'une heure. Rappelez-vous qu'il a besoin de bouger.

Semaine du _____ au _____

Lundi

....
....
....
....
....

Mardi

....
....
....
....
....

Mercredi

....
....
....
....
....

Jeudi

....
....
....
....
....

Vendredi

....
....
....
....

Samedi

....
....
....
....

Dimanche

....
....
....
....

Les progrès de mon enfant: ....
....
....
....
....

32e semaine

Protéines et vitamines

À la naissance, l'organisme de bébé contient déjà une bonne dose des éléments indispensables à sa santé. En l'allaitant, vous lui donnez le meilleur aliment qui soit tout en lui transmettant vos propres anticorps. Le lait maternel renferme en effet toutes les protéines et vitamines nécessaires à votre bébé.

Les protéines sont considérées comme les matériaux de construction de l'organisme. L'enfant qui mange des aliments solides trouve les protéines nécessaires dans les céréales, le fromage, les œufs, les légumes, les poissons et les viandes.

Les aliments renferment aussi des vitamines. La vitamine A, qui joue un rôle dans la croissance et dans la résistance aux microbes, se trouve dans les fruits et légumes jaunes et vert foncé. La vitamine B, qui contribue au bon fonctionnement des muscles et de l'appareil digestif, est présente dans le germe de blé et dans le foie. Quant à la vitamine C, qui protège contre les infections, on la trouve dans les fruits et les jus de fruits. La vitamine D, importante dans la formation des dents et des os, est fournie par l'exposition au soleil. Le bébé qui boit du lait non enrichi de vitamine D, par exemple le lait maternel, a parfois besoin d'un supplément. Votre pédiatre pourra vous indiquer ce qui convient à votre enfant.

Dès que bébé a apprivoisé un certain nombre d'aliments solides, veillez à varier la nourriture que vous lui offrez. C'est le meilleur moyen de vous assurer qu'il y puise tous les éléments nécessaires à sa santé.

Un parc pour bébé

Quand bébé commence à se déplacer, il peut être utile de vous procurer un parc. Il faudra toutefois éviter d'y confiner votre tout-petit pendant de longues périodes, car il a besoin de ramper et d'explorer. Néanmoins, le parc est parfois bien commode pour vous donner un répit. Bien installé avec des jouets attirants, bébé peut y passer de bons moments.

Il existe deux types de parcs: les parcs munis de barreaux et ceux en filet. Dans le premier cas, les barreaux ne doivent pas être espacés de plus de 6 cm. Le parc en filet est pour sa part constitué d'une espèce de moustiquaire. Le fond est matelassé pour éviter que bébé ne se blesse. Si le parc est pliant, assurez-vous que les armatures et les loquets soient solides. Quand bébé aura grandi, prenez garde qu'il ne grimpe sur un jouet pour ensuite passer par-dessus bord et tomber la tête la première sur le sol.

Et gardez toujours un œil sur bébé: un parc, ce n'est pas une gardienne!

Semaine du _____ au _____

Lundi

....
....
....
....
....

Mardi

....
....
....
....
....

Mercredi

....
....
....
....
....

Jeudi

....
....
....
....
....

Vendredi

....
....
....
....
....

Samedi

....
....
....
....
....

Dimanche

....
....
....
....

Les progrès de mon enfant: ....
....
....
....
....

33e semaine

Le grand observateur

À cet âge, bébé se tient bien assis, ce qui lui permet de participer de plus près à la vie de la maisonnée. Fin observateur, il ne réagit pas de la même façon à la présence de sa grande sœur ou à celle de papa, et son comportement diffère lorsqu'il rencontre une personne qu'il ne connaît pas. Dans son parc, dans sa chaise haute ou à quatre pattes, il ne rate rien de ce qui se passe.

Bébé veut de toutes ses forces entrer en relation avec son entourage. Que ce soit par ses sourires ou par ses cris, il manifeste son désir de communiquer. Il s'essaie déjà à parler, il vocalise. Encouragez-le lorsqu'il articule des syllabes: c'est le début du langage. Répondez-lui dans son langage et dans le vôtre. Il découvrira très tôt qu'il peut lui aussi entamer une conversation!

Ce désir de communiquer fait d'un bébé de cet âge un bonheur dans une maison. Ses progrès sont tellement rapides que c'en est fascinant. Il change si vite… vous ne voyez pas le temps passer!

Aïe! Mon dos!

La grossesse et la première année de bébé ne sont pas tendres pour le dos de maman. Tout ce poids à trimballer, d'abord dans son ventre puis dans les bras, ça vous fatigue les muscles!

La nouvelle maman doit donc penser à restaurer sa forme physique par des exercices postnatals. Elle a sûrement déjà entrepris quelques exercices. Il faut les poursuivre afin de reprendre des forces et d'éviter les courbatures.

Si vous ressentez des lourdeurs, de l'inconfort en station debout et des maux de dos persistants, mieux vaut en faire part à votre médecin. Vous trouverez chez votre libraire de nombreux livres décrivant les exercices postnatals appropriés.

Soyez tenace!

Semaine du _____ au _____

Lundi

....
....
....
....
....

Mardi

....
....
....
....
....

Mercredi

....
....
....
....
....

Jeudi

....
....
....
....
....

Vendredi

....
....
....
....
....

Samedi

....
....
....
....
....

Dimanche

....
....
....
....

Les progrès de mon enfant: ....
....
....
....
....

34ᵉ semaine

À *un cheveu près*

«Les cheveux de toute la vie se tissent dans l'enfance», dit-on. Les cellules du cheveu se forment au sixième mois de la grossesse. Il est certain que l'hérédité joue un rôle dans leur constitution, mais l'alimentation de la mère durant la grossesse puis celle du bébé sont également des facteurs déterminants.

Que votre enfant soit né avec beaucoup de cheveux ou le crâne complètement dégarni ne change rien aux soins à donner à sa chevelure. Vous pouvez sans problème mouiller son cuir chevelu tous les jours, mais les shampooings peuvent être espacés: deux ou trois par semaine suffisent amplement. Utilisez un shampooing pour bébé. Après avoir rincé à fond, séchez bien ses cheveux, puis brossez-les avec une brosse en soie pas trop souple aux poils arrondis, réservée à son usage exclusif.

Si les cheveux de votre bébé poussent vite, vous pouvez lui faire sa première coupe entre l'âge de trois et cinq mois. Évitez de couper au carré, car ce type de coupe ne donne pas une apparence naturelle. Effilez plutôt délicatement chacune des mèches.

On aperçoit souvent des espèces de croûtes jaunâtres sur le cuir chevelu des bébés, qu'on désigne familièrement sous le nom de «chapeau». Pour les nettoyer, il suffit de les enduire d'huile pour bébé, puis, après quelques heures, de les frotter doucement avec une petite brosse souple. Les croûtes se décolleront facilement. Mieux vaut appliquer ce traitement dès l'apparition des traces de «chapeau» pour éviter que les croûtes n'épaississent.

Bébé est inquiet

Vers l'âge de huit mois, bébé traverse une phase où il manifeste de l'inquiétude. Il fait maintenant très bien la différence entre ses parents chéris et le reste de la planète. C'est pourquoi il pleure quand vous le laissez avec une gardienne alors qu'il ne le faisait pas jusque-là.

Pour faciliter les choses, mieux vaut ne pas apporter à la vie d'un bébé de cet âge des changements importants. Si vous le faites déjà garder fréquemment, les choses seront plus faciles que si vous commencez à le faire à ce moment-ci. Soyez patients: ces pleurs sont une preuve que bébé fait des progrès. Il comprend mieux ce qui se passe autour de lui et essaie déjà d'exercer un contrôle sur sa vie. Quelle différence avec le poupon des premières semaines!

Semaine du _____ au _____

Lundi

....
....
....
....
....

Mardi

....
....
....
....
....

Mercredi

....
....
....
....
....

Jeudi

....
....
....
....
....

Vendredi

....
....
....
....
....

Samedi

....
....
....
....
....

Dimanche

....
....
....
....

Les progrès de mon enfant: ....
....
....
....
....

35ᵉ semaine

Gauche, droite, en haut, en bas...

Dès la naissance, bébé est prêt à entrer en communication avec le monde qui l'entoure. Votre mission consiste bien sûr à veiller à sa santé et à son confort, mais aussi à faciliter ses relations avec son environnement en prenant soin de sa forme physique.

Observez-le bien: par ses gestes, ses attitudes, sans dire un mot, il vous permet de découvrir sa personnalité. Vous pouvez l'aider à rester en forme en lui faisant faire quelques exercices très simples. Bien sûr, vous devez y aller très doucement.

Pour assouplir ses épaules, prenez ses deux petites mains dans les vôtres, soulevez ses bras au-dessus de sa tête, puis alternez en soulevant un bras après l'autre.

Pour faire travailler les muscles de la poitrine et du dos, croisez ses bras sur sa poitrine et ramenez-les à leur position initiale.

Pour favoriser la souplesse de bébé et l'aider à développer le mouvement de la marche, fléchissez ses jambes l'une après l'autre à quelques reprises.

Bébé adorera ce temps passé avec vous. Voilà une nouvelle façon de jouer avec lui!

Il a grand besoin de bouger pour se familiariser avec son environnement. Donnez-lui de l'espace, laissez-le se promener à quatre pattes dans toute la maison, même si cela vous demande une plus grande surveillance.

D'ailleurs, bébé devient de plus en plus habile avec ses mains. Il arrive à manger tout seul avec ses doigts. Bientôt, il boira au gobelet sans aide. Encouragez-le même s'il fait des dégâts. Ses progrès seront extraordinaires.

Semaine du _____ au _____

Lundi

....
....
....
....
....

Mardi

....
....
....
....
....

Mercredi

....
....
....
....
....

Jeudi

....
....
....
....
....

Vendredi

....
....
....
....
....

Samedi

....
....
....
....
....

Dimanche

....
....
....
....

Les progrès de mon enfant: ....
....
....
....
....

À 9 mois

Remarques: ....
....
....
....
....
....

À 10 mois

Remarques: ....
....
....
....
....
....

36e semaine

Au jeu!

Pendant des années, le jeu est au centre de la vie de l'enfant. C'est par le jeu qu'il développe ses talents et ses capacités et qu'il prend contact avec le monde. Voilà pourquoi il est si important de bien choisir les jouets que l'on met à sa disposition.

Dès les premiers mois, bébé cherche à jouer avec ses doigts, avec ses orteils, avec les boutons ou la dentelle qui ornent vos vêtements et les siens. Souvent, il s'amusera plus longtemps avec un couvercle de plastique, une casserole ou sa chaussure qu'avec le jouet tout neuf offert par tante Gertrude. Comme votre enfant veut jouer avec à peu près tout ce qui se trouve à sa portée, vous ne serez jamais trop prudents en veillant à ce que les objets auxquels il a accès soient sécuritaires.

Les enfants préfèrent inventer leurs propres jeux. Ils n'ont donc pas besoin de jouets compliqués. Les meilleurs jouets peuvent être des objets aussi simples qu'un mobile de papier, une image de votre fabrication qui développe son sens de l'observation, ou encore une clochette insérée dans une petite maison faite au crochet qui lui permettra de découvrir le plaisir des sons. Faites travailler votre imagination!

Lorsque vous achetez des jouets, votre choix devrait toujours être fait en fonction de certains critères de base. Vérifiez d'abord si le jouet est sécuritaire: pas de côtés pointus, de bords tranchants ou de petits morceaux qui se détachent et peuvent être avalés, pas de couleurs qui se diluent, pas de tissus faits de fibres toxiques. On considérera également sa solidité. Des jouets qui se brisent reviennent cher et, surtout, ils sont dangereux. Enfin, les jouets doivent stimuler le développement de l'enfant et être adaptés à son âge.

Les jouets traditionnels restent souvent les meilleurs; ce n'est pas sans raison qu'ils sont devenus une tradition. L'ourson en peluche qui permet de découvrir la douceur au toucher devient souvent l'inséparable ami de votre enfant. Les hochets, les jouets musicaux, les mobiles, les anneaux à agiter dans tous les sens, les cubes de plastique colorés, les jouets gigognes sous toutes leurs formes méritent une place dans le coffre à jouets de bébé. Choisis avec soin, ils faciliteront son développement et le combleront de bonheur!

Lundi

Mardi

Mercredi

Jeudi

Vendredi

Samedi

Dimanche

Les progrès de mon enfant: ....
....
....
....
....

37e semaine

Comme un singe

Vers le dixième mois, l'enfant commence à imiter. Il entre alors dans une phase importante de son évolution vers la compréhension des choses. Il veut prendre la cuillère pour faire comme maman, le gobelet pour faire comme papa. Plus tard, il imitera les gestes que vous faites pour vous brosser les dents, votre façon de marcher, vos tics, tout! C'est ainsi qu'il apprend. Il observe votre comportement et découvre comment réagir dans diverses situations.

Bébé aimera vous voir l'imiter à votre tour. Il prend conscience de ses propres mouvements, de ce qu'il est capable de réaliser par lui-même. Vous verrez sa mémoire des gestes se perfectionner jour après jour. Il associera le son d'un avion au geste de regarder vers le ciel. Ses réactions vous permettent de constater qu'il fait la différence entre le bruit d'un objet et le son émis par un autre.

Cette étape de la vie du tout-petit est réellement passionnante pour les parents, car ceux-ci peuvent observer quotidiennement les progrès de leur enfant.

Les débuts de la construction

L'enfant de cet âge adore empiler des objets les uns sur les autres. Les blocs de bois ou les cubes que l'on insère l'un dans l'autre développent non seulement sa créativité mais aussi son sens de l'équilibre, son habileté et sa mémoire.

Bébé se plaît en fait à empiler tout ce qui lui tombe sous la main: ses jouets, mais aussi des boîtes de conserve trouvées dans l'armoire, des couches tirées de son sac, et bien d'autres objets fascinants! Prévenez les accidents, mais donnez-lui la possibilité de former des piles avec différents objets. Pour lui, c'est un peu le début de l'apprentissage de la construction. Qui sait, peut-être érigera-t-il des édifices lorsqu'il sera grand?

Semaine du ____ au _____

Lundi

....
....
....
....
....

Mardi

....
....
....
....
....

Mercredi

....
....
....
....
....

Jeudi

....
....
....
....
....

Vendredi

....
....
....
....
....

Samedi

....
....
....
....

Dimanche

....
....
....
....

Les progrès de mon enfant: ....
....
....
....
....

38e semaine

Défilé de mode

Le mot «vêtement» évoque pour vous, selon le cas, un plaisir, une corvée ou des coûts toujours plus élevés. Vous êtes des parents raisonnables, mais voilà, en plein magasinage, vous tombez sur le petit ensemble parfait — hors de prix, mais parfait — et hop! que ne ferait-on pas pour notre petit trésor!

L'achat de vêtements représente une bonne part du budget consacré aux enfants. Ils grandissent si vite que chaque nouvelle acquisition ne peut durer bien longtemps. Les souliers, en particulier, doivent être renouvelés à un rythme extraordinaire.

Vous devez penser avant tout au confort de votre enfant. Optez pour des vêtements confectionnés avec des tissus de fibres naturelles et suffisamment amples pour ne pas entraver les mouvements de bébé. Assurez-vous qu'ils sont faciles à laver — le temps où nos mères consacraient une journée par semaine au lavage est bien révolu —, mais surtout qu'ils s'enfilent sans difficulté. Il n'est pas toujours facile d'habiller bébé, et les changements de couche reviennent à un rythme effréné. Des fermetures éclair qui glissent bien et des boutons-pression à l'entrejambe viendront au secours des parents pressés.

Mis à part les robes, bien entendu, la plupart des vêtements d'enfant peuvent être portés par les bébés des deux sexes. Si vous prévoyez avoir un autre enfant, pourquoi ne pas acheter des vêtements un peu plus chers mais de meilleure qualité, sachant que le prochain bébé pourra aussi les porter? Vous économiserez en choisissant des vêtements un peu trop grands dont vous tournerez les bords. Lorsque bébé aura grandi un peu, c'est-à-dire très bientôt, vous n'aurez qu'à dérouler les bords pour que le gilet ou le pantalon lui aille encore! Autre truc connu des parents économes: les échanges avec d'autres parents. Cette pratique se révèle réellement profitable, surtout dans le cas des tout petits bébés, qui prennent du poids tellement vite qu'ils ne portent certains vêtements que quelques semaines. Ils n'ont donc vraiment pas le temps de les user.

Si personne dans votre entourage ne peut vous prêter de vêtements d'enfant, cherchez du côté des ventes de garage, des puces, des bazars et des boutiques de vêtements d'occasion. On y fait des trouvailles à une fraction du prix des vêtements neufs. Et comme les enfants grandissent à toute vitesse, les vêtements n'ont pas eu le temps de se démoder!

Lundi

Mardi

Mercredi

Jeudi

Vendredi

Samedi

Dimanche

Les progrès de mon enfant: ....

Debout comme un grand

Les premiers efforts de bébé pour se lever semblent être l'effet du hasard ou le résultat d'un jeu. Il s'accroche à un meuble ou à une chaise, ou même, curieusement, s'appuie sur un coussin placé au centre d'une pièce. Allez donc savoir quel genre de sécurité il y trouve! Une petite brouette de plastique ou la poussette de sa poupée lui donnent apparemment la confiance dont il a besoin pour risquer quelques pas.

À sa façon, bébé cherche peut-être à vaincre sa peur en reproduisant plusieurs fois un geste insolite qui ressemble à une répétition de théâtre. Il peut ainsi mettre son ourson sur la table, monter le prendre, le lancer par terre et redescendre le chercher en le consolant. Il fait tout cela à plusieurs reprises, avant de se lasser d'un coup et de changer de jeu.

Laissez à votre enfant le temps de savourer chacune des étapes de son évolution. Le pousser à marcher plus vite parce que le bambin d'une amie a marché à cet âge ne servira à rien. À chacun son rythme!

Mmm! C'est bon!

Votre enfant grandit de jour en jour et voilà qu'il commence à ressembler à un petit homme ou à une petite bonne femme. Après les purées très claires, vous en êtes arrivés à lui offrir un menu de transition.

Votre enfant se développe physiquement et dépense plus d'énergie. Il lui faut donc un menu plus adapté à ses besoins. De plus, il est dorénavant mieux en mesure d'avaler et de digérer des purées plus grossières. Offrez-lui des aliments plus durs aussi: céleri, pomme crue sans la pelure, tranches de melon, morceaux de pain grillé et biscottes. Surveillez-le bien pour éviter qu'il ne s'étouffe. Bébé mange non seulement de nombreux fruits et légumes, mais aussi de la viande, du poisson et du fromage.

Bien sûr, l'évolution du menu de bébé* dépend de l'âge auquel il a commencé à manger. Le vôtre est différent de celui de la voisine!

---

* Vous pouvez en apprendre davantage dans *Comment nourrir son enfant*, un ouvrage très complet de Louise Lambert-Lagacé publié aux Éditions de l'Homme. On y trouve de nombreux menus pour l'enfant de la naissance à deux ans.

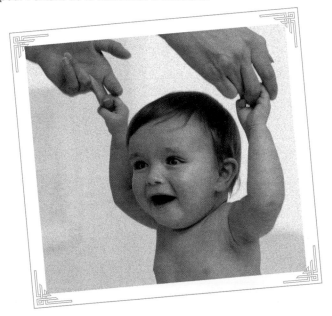

Semaine du _____ au _____

Lundi

....
....
....
....
....

Mardi

....
....
....
....
....

Mercredi

....
....
....
....
....

Jeudi

....
....
....
....
....

Vendredi

....
....
....
....
....

Samedi

....
....
....
....
....

Dimanche

....
....
....
....

Les progrès de mon enfant: ....
....
....
....
....

40e semaine

Dans un cocon

Rien ne remplace une surveillance de tous les instants pour assurer la sécurité de votre bébé, mais pour vous faciliter la tâche, mieux vaut faire de votre maison un cocon où rien de ce qui est à sa portée n'est dangereux pour lui. Il n'y a pas que certaines plantes et les produits de nettoyage domestique qui constituent un risque pour un enfant: d'innombrables objets pourraient le conduire directement à l'hôpital. Soyez prudents pour éviter de retrouver votre bébé…

EMPOISONNÉ: Lorsque vos petits prennent la maison d'assaut, beaucoup de choses les intriguent. Les boissons alcoolisées, les combustibles à fondue, les médicaments, les parfums ainsi que le contenu de vos poubelles sont tous des sources de danger. Nos maisons contiennent plus de 240 produits pouvant causer des empoisonnements.

Gardez près du téléphone le numéro d'un centre antipoison en cas d'urgence. Ayez toujours sous la main un flacon de sirop d'ipéca, un vomitif vendu sans ordonnance dans les pharmacies.

ÉTRANGLÉ: Avez-vous pensé que votre bébé pourrait s'étrangler avec les cordons du store? Attention aux fils qui pendent, aux espaces entre les barreaux et sous les marches de l'escalier…

ÉTOUFFÉ: Les petites pièces du jeu de construction de l'aîné peuvent être fatales pour le plus petit. Vérifiez s'il pourrait arracher les yeux de son ourson en peluche. Attention aux trombones, aux punaises, aux mégots de cigarette, aux capuchons de stylo, etc. Vous décorez la maison avec des ballons? Prenez soin de les faire disparaître après la fête: beaucoup d'enfants meurent par suffocation à cause de ballons gonflés ou non. Votre lit d'eau n'est pas un endroit pour bébé: le visage enfoncé contre la surface, il ne pourrait plus respirer.

BRÛLÉ: Une casserole d'eau bouillante est vite renversée, surtout quand on a un petit marcheur à quatre pattes dans son chemin. Un robinet est vite ouvert, aussi, et l'eau du robinet peut devenir assez chaude pour brûler la petite peau fragile de bébé. Par prudence et par économie, vous pouvez diminuer la température de votre réservoir d'eau chaude. Le four à micro-ondes ne réchauffe pas les aliments de façon uniforme; il faut donc bien brasser ou les laisser reposer un peu avant de les offrir à bébé et surtout y goûter avant lui. Un pare-étincelles devant le foyer et une barrière devant le poêle à combustion lente éloigneront le petit curieux.

ÉLECTROCUTÉ: Installez des couvre-prises de plastique. Les magnétoscopes et les lecteurs de disques peuvent causer des chocs électriques. Pensez à cette petite main dans l'ouverture!

Lundi

Mardi

Mercredi

Jeudi

Vendredi

Samedi

Dimanche

Les progrès de mon enfant: _____

41e semaine

Maman, j'ai peur!

Les peurs infantiles sont plus ou moins nombreuses. Elles varient selon les enfants, leur milieu de vie et les diverses situations qui peuvent se présenter. Il demeure essentiel d'y porter une attention particulière pour que l'enfant acquière de la confiance en lui, pour aujourd'hui et pour demain.

Vers l'âge de six à huit mois, le bébé se met à avoir peur des gens qu'il ne connaît pas. Il est bien jeune pour qu'on commence à lui expliquer les règles de prudence à mettre en pratique envers les étrangers. Mais dans votre façon de le rassurer, vous pouvez dès maintenant commencer à lui dire qu'il n'a pas à «être gentil» avec tout le monde de la même manière qu'avec les gens de son entourage.

Vous aurez peut-être aussi à composer avec la peur de l'obscurité. En rassurant votre enfant par des paroles très douces, vous pouvez lui faire prendre conscience qu'il n'y a pas de monstres dans sa chambre, seulement ses jouets et ses amis en peluche. Si cela le calme, laissez une veilleuse allumée.

En ramenant ses couvertures tout le long de son corps pour qu'il soit bien enveloppé, vous pouvez lui raconter tout doucement que vous lui faites ainsi une jolie maison dans laquelle il sera à l'abri et pourra dormir en paix… comme vous!

Propre et en santé

Comme un bébé apprivoise le monde qui l'entoure en portant tout à sa bouche, il importe que ses mains et ses ongles soient propres.

Gardez ses ongles courts pour éviter que la poussière ne s'incruste dessous. Autrement, cette saleté devient un paradis pour les microbes, donc une source d'infection. On conseille d'utiliser des ciseaux à bouts arrondis pour couper les ongles après le bain, quand l'eau les a ramollis. Si votre enfant est agité et que vous avez peur de le blesser, pourquoi ne pas profiter de sa sieste pour lui couper les ongles en paix?

Quant à ses mains, comme il les met partout, mieux vaut les lui nettoyer à plusieurs reprises au cours de la journée, surtout avant et après les repas. C'est une bonne habitude qu'on n'est jamais trop jeune pour adopter!

Semaine du _____ au _____

Lundi

....
....
....
....
....

Mardi

....
....
....
....
....

Mercredi

....
....
....
....
....

Jeudi

....
....
....
....
....

Vendredi

....
....
....
....
....

Samedi

....
....
....
....
....

Dimanche

....
....
....
....
....

Les progrès de mon enfant: ....
....
....
....
....

42e semaine

Un peu de calme

Vous est-il arrivé de douter de vos compétences de père ou de mère, un de ces matins où tout va de travers? Souvent, les cris et les pleurs de leurs enfants découragent les parents. «Je n'en peux plus!» a-t-on envie de hurler, mais bien sûr personne n'est là pour prendre la relève avec bébé. Surtout, évitez de crier ou, pire encore, d'utiliser la violence pour vous faire obéir. Vous ne feriez qu'empirer les choses.

Que faire quand bébé ou un enfant plus âgé pique une crise? D'abord, il faut retrouver votre calme. Sortez de la pièce un instant, téléphonez à un ami pour remettre les choses dans leur contexte, regardez des photos de votre petit quand il est beau et gentil. Ensuite, vous serez disposé à régler le problème.

Les difficultés surviennent fréquemment à l'heure du coucher. Fatigué et surexcité, l'enfant refuse d'aller au lit, se tortille pour ne pas qu'on lui enfile son pyjama, exige histoire après histoire, verre d'eau après verre d'eau. Or, il a justement besoin du calme et de la sécurité de sa chambre.

Soyez ferme. Il est plus facile de coucher l'enfant tous les soirs à peu près à la même heure.

Suivre toujours la même routine contribue à instaurer une atmosphère de calme: l'enfant apprend très jeune qu'après avoir mis ses vêtements de nuit il aura droit à une chanson ou à une histoire, et qu'ensuite c'est fini. Maman et papa s'en vont, puis c'est le moment de se réfugier dans le sommeil. Surtout, laissez à l'enfant le temps de se préparer mentalement au dodo. Ne lui déclarez pas sans préambule que c'est l'heure de dormir parce qu'il est trop bruyant pour ensuite le mettre au lit dans la minute qui suit. Le sommeil n'est pas une punition, c'est une nécessité de la vie.

Mais les cris et les pleurs ne surviennent pas qu'à l'heure du dodo. Comme la vôtre, l'humeur de votre enfant varie. Parfois, il veut simplement attirer votre attention. Alors, prudence: si vous ne la lui accordez que lorsqu'il crie, il comprendra que c'est la chose à faire. Expliquez-lui qu'il peut demander sans hurler et récompensez-le lorsqu'il agit ainsi.

Ne cédez pas aux caprices de votre enfant et rappelez-vous que c'est un imitateur-né. Si vous criez sans arrêt, ne vous surprenez pas qu'il fasse de même*…

---

* Sur ce sujet, on peut consulter: Barbara Unell et Jerry Wyckoff, *Se faire obéir des enfants sans frapper et sans crier*, Montréal, Le Jour éditeur, 1993.

Semaine du _____ au _____

Lundi

....
....
....
....
....

Mardi

....
....
....
....

Mercredi

....
....
....
....
....

Jeudi

....
....
....
....
....

Vendredi

....
....
....
....
....

Samedi

....
....
....
....

Dimanche

....
....
....
....

Les progrès de mon enfant: ....
....
....
....
....

43e semaine

Il était une fois…

À l'ère de l'omniprésence de la télévision dans nos foyers, la bonne vieille histoire racontée par papa ou maman avant le dodo a-t-elle encore son utilité? Bien sûr! La télé donne du «tout cuit dans le bec»: les images, le son, tout y défile. L'enfant n'a aucun effort à faire, aucune part à prendre dans la création de ce qui se déroule devant lui. Au contraire, lorsque vous lui lisez ou lui racontez une histoire, cela stimule son imagination. Il se crée dans son esprit une image de la petite fille, de l'ourson ou du lapin dont vous lui parlez.

Autre avantage de l'histoire que vous racontez: le rythme. L'enfant peut — parfois au grand désespoir des parents pressés — vous interrompre à tout moment. Commence alors le grand jeu des «qu'est-ce que ça veut dire?» et des «pourquoi?». Là réside une grande partie de la richesse de l'histoire: en répondant patiemment aux questions, vous enseignez des tas de choses à votre enfant. Mieux vaut raconter une histoire plus courte ou encore la moitié d'une histoire que de négliger ses interrogations, même s'il faut faire un effort pour y répondre.

Vous verrez bientôt votre enfant chercher à inventer lui-même des histoires qu'il vous racontera avec force détails. Mais soyez prudents dans votre choix: offrir à un enfant sensible une histoire de monstre qui vient manger la princesse n'est peut-être pas une bonne idée avant le dodo…

Chacun son tour

Quand arrive à la maison un deuxième ou un troisième enfant, les plus âgés apprennent qu'ils ne peuvent pas tout avoir tout de suite. Le fait de se réserver un moment d'intimité avec chacun des membres de la famille prend alors tout son sens. Il faut trouver le moyen de s'adapter doucement à cette nouvelle vie, recréer l'équilibre ébranlé par l'arrivée d'un petit être qui ne parle pas mais qui exige beaucoup.

Vous rappelez-vous avoir déjà fait un geste gauche parce que votre mère ou votre professeur venait de vous faire perdre confiance en vous-même par ses remarques? Les maladresses et les désobéissances de votre enfant sont en quelque sorte des tests qu'il vous fait passer. Il veut vérifier si vous l'aimez toujours malgré l'arrivée d'un nouveau bébé. Prenez le temps de le rassurer à ce sujet. Acceptez avec un grain de sel qu'il essaie d'imiter le bébé, même si cela se manifeste par des petites mésaventures comme des culottes mouillées… Lorsque votre plus vieux sera bien rassuré quant à votre amour et à sa place dans la famille, tout rentrera dans l'ordre.

Semaine du _____ au _____

Lundi

....
....
....
....
....

Mardi

....
....
....
....
....

Mercredi

....
....
....
....
....

Jeudi

....
....
....
....
....

Vendredi

....
....
....
....
....

Samedi

....
....
....
....
....

Dimanche

....
....
....
....

Les progrès de mon enfant: ....
....
....
....
....

À 11 mois

Remarques : ....
....
....
....
....
....

À 12 mois

Remarques: ....
....
....
....
....
....

44e semaine

Tout doux... Tout doux...

En général, vers l'âge d'un an, le bébé fait deux siestes par jour: une le matin et l'autre l'après-midi. Cela lui permet de rester en forme toute la journée. Il a besoin de ces siestes, et vous le constatez bien quand, par exemple, il en rate une parce que vous devez faire des courses.

Parfois, il est un peu grognon lorsqu'il se réveille, surtout après la première sieste de la journée. Si vous croyez qu'il a faim, mais que l'heure du repas n'est pas arrivée, offrez-lui une collation pour le faire patienter.

Bien sûr, il est parfois difficile d'organiser l'horaire de toute la maisonnée en fonction des dodos de bébé, mais c'est le prix à payer pour qu'il obtienne le sommeil dont il a besoin... et vous une tranquillité bien agréable!

Et vive la musique!

La musique adoucit les mœurs, dit-on. Vous avez peut-être remarqué qu'une pièce musicale que vous écoutiez souvent pendant la grossesse a le pouvoir de calmer votre bébé, lui rappelant cette période bénie où il flottait dans le ventre de sa mère. La musique peut modifier le comportement des enfants — en particulier les auditifs — de façon notable.

De nombreuses recherches effectuées sur le sujet rapportent que l'on peut provoquer l'éclosion d'un talent musical ou inculquer des goûts musicaux aux enfants en commençant très tôt, même au cours de la période intra-utérine, à leur faire entendre de la musique.

Sans jamais abandonner

Bébé vous fascinera probablement par sa ténacité lorsqu'il entreprendra son apprentissage de la marche, si ce n'est déjà fait. Il peut se lever et se rasseoir 50 fois par jour, sans se lasser, jusqu'à ce qu'il maîtrise son geste. Il cherche d'autres façons de se lever, seul ou avec un appui.

Parfois, les bébés qui apprennent à se lever ou à marcher sont tellement concentrés sur cette nouveauté qu'ils se réveillent même la nuit pour s'accrocher aux barreaux de leur lit et se mettre debout. Ouf! quelles nuits pour les pauvres parents!

Semaine du _____ au _____

Lundi

....
....
....
....
....

Mardi

....
....
....
....
....

Mercredi

....
....
....
....
....

Jeudi

....
....
....
....
....

Vendredi

....
....
....
....
....

Samedi

....
....
....
....
....

Dimanche

....
....
....
....

Les progrès de mon enfant: ....
....
....
....
....

45e semaine

Le bon mot

Votre enfant dit peut-être déjà quelques mots, peut-être commencera-t-il bientôt. Une chose est primordiale: enseignez-lui le bon mot dès le début. Si vous voulez l'emmener faire une promenade en voiture, rien ne sert de lui apprendre à dire: «Aller mener toto». Autrement, tout sera à recommencer plus tard. Bien sûr, l'enfant qui articule ses premiers mots ne le fait pas parfaitement dès le début; il a tout un apprentissage à faire. Mais si vous prononcez les paroles correctement et lentement, vous mettez toutes les chances de son côté pour qu'il parle clairement dès son plus jeune âge. Si votre enfant déforme le mot en le prononçant, ne le répétez pas comme il l'a dit, vous ne lui rendriez pas service. Par exemple, s'il appelle son frère «Ampois» plutôt que François, ne vous mettez pas à nommer celui-ci «Ampois» de crainte que le bébé ne comprenne pas de qui vous parlez. Il comprend très bien lorsque vous dites François, et un beau jour il arrivera à articuler ce mot difficile.

Votre bébé ne fait pas mine de vouloir parler avant longtemps? Ce n'est pas une raison pour que vous cessiez de lui parler. Expliquez-lui ce que vous faites, dites-lui où vous allez lorsque vous partez, présentez-lui les voisins, chantez-lui des chansons, racontez-lui des histoires. Aucun de vos efforts n'est perdu. Les enfants comprennent avant de pouvoir parler et, lorsqu'ils tardent à prononcer leurs premiers mots, on assiste parfois à un feu d'artifice quand ils s'y mettent. Vous découvrirez tout à coup que même lorsque votre bébé ne disait pas un seul mot, son vocabulaire se développait dans son esprit.

Formule santé

Le carnet de santé de bébé est un outil efficace lorsque survient une urgence médicale et demeurera une référence tout au cours de sa vie. Remplissez-le consciencieusement et conservez-le précieusement jusqu'à ce que votre enfant devienne adulte. Il sera alors bien content d'en prendre possession.

Vous pouvez y inscrire les dates et les conclusions des examens médicaux, les vaccins, les soins dentaires, les consultations auprès de différents spécialistes ou services paramédicaux, les maladies infantiles, les allergies, les médicaments prescrits, etc. Cela pourra vous être bien utile lorsqu'un médecin ou une infirmière vous posera des questions précises sur votre tout-petit.

Lundi
_____

Mardi
_____

Mercredi
_____

Jeudi
_____

Vendredi
_____

Samedi
_____

Dimanche
_____

Les progrès de mon enfant: ....

46ᵉ semaine

Becquer bobo

Pour éviter de se précipiter à la clinique dès l'apparition du moindre bobo, les parents peuvent apprendre à soigner eux-mêmes les petits malaises de leurs enfants. En voici quelques-uns.

CONSTIPATION: Il s'agit de selles dures, que l'enfant évacue difficilement. Il ne faut pas prendre cette situation à la légère, car elle pourrait devenir grave. Vous pouvez offrir à bébé du jus de pruneaux dilué avec de l'eau. Si l'enfant mange des aliments solides, évitez ceux qui ont tendance à donner des selles plus dures: céréales de riz, carottes et bananes. Privilégiez les légumes. Si la constipation empire ou se prolonge, ayez recours à une assistance médicale.

DIARRHÉE: L'enfant a des selles liquides et plus fréquentes, parfois d'une couleur inhabituelle. Il est préférable de consulter un médecin parce que l'enfant peut se déshydrater rapidement et être en danger, surtout s'il a moins de six mois. Mais même avant d'avoir obtenu des instructions médicales, vous pouvez commencer à agir. Si votre bébé est allaité et qu'il ne vomit pas, offrez-lui le sein à intervalles rapprochés pour l'hydrater. S'il n'est pas allaité, ne lui donnez plus de lait ni d'aliments solides pendant les 24 prochaines heures. Vous trouverez en pharmacie des liquides qui vous permettront de l'hydrater au cours de cette période. De la pâte d'ihle appliquée sur ses petites fesses les protégera des irritations.

FIÈVRE: La température normale du corps, prise de façon rectale (la plus appropriée pour un enfant) est de 36,5 °C à 37,5 °C. Si votre bébé est chaud, prenez sa température. Si elle grimpe au-delà de 38 °C, il a de la fièvre. Si la température s'élève au-dessus de 39 °C, il faut la faire descendre. Ayez toujours de l'acétaminophène pour enfants à la maison. Votre pharmacien ou la clinique pourra vous dire quelle dose donner à bébé selon son âge et son poids. Reprenez sa température avant de lui administrer une nouvelle dose. Vous pouvez aussi mettre l'enfant dans un bain tiède pour faire descendre sa température. Là encore, le danger est la déshydratation; alors, faites-le boire beaucoup. Mettez-lui des vêtements légers et ne le couvrez pas trop dans son lit. Si la température ne diminue pas, amenez l'enfant consulter un médecin sans tarder.

VOMISSEMENTS: Il s'agit du rejet des aliments contenus dans l'estomac par la bouche, parfois par le nez ou parfois même par les deux. À ne pas confondre avec le lait bu en trop que le bébé rejette tout de suite après le boire. Souvent, le problème n'est que passager. S'il persiste, consultez un médecin. Le danger est encore la déshydratation. Portez aussi attention aux autres symptômes pour découvrir la cause des vomissements.

Et dans tous les cas, n'hésitez pas à consulter les services médicaux, même par téléphone. Un bébé est beaucoup plus fragile qu'un adulte.

Semaine du _____ au _____

Lundi

Mardi

Mercredi

Jeudi

Vendredi

Samedi

Dimanche

Les progrès de mon enfant: ....

48e semaine

Métro, boulot, dodo

Les mères de jeunes enfants qui occupent un emploi doivent déployer des trésors d'ingéniosité et des tonnes d'énergie pour arriver à tout faire. Certaines, une fois passée la difficile période du retour au travail, réussissent même à s'inscrire à des cours. Comment font-elles? D'abord, elles sont extrêmement organisées. Ensuite, elles comprennent qu'elles ne peuvent pas tout faire elles-mêmes. Vers qui se tourner alors?

Premièrement, bien sûr, vers son conjoint. Gâté par la présence de sa douce moitié à la maison pendant quelques mois, il a peut-être oublié que la vaisselle devait être lavée tous les jours et le frigo rempli régulièrement? Il est grand temps de le lui rappeler!

Deuxièmement, il est essentiel de disposer de personnes fiables à qui confier bébé, que ce soit le jour ou le soir.

Le troisième élément est souvent le plus difficile à obtenir. Il s'agit d'un horaire de travail plus souple. Voyez avec votre employeur si vous ne pouvez pas organiser votre temps autrement. Il y a plusieurs possibilités: travailler à la maison quelques jours par semaine, commencer le travail plus tôt ou plus tard, disposer de journées de congé pour prendre soin d'un enfant malade…

Enfin, faites le tour de vos connaissances en vous demandant qui pourrait vous donner un coup de main. Une tante qui adore les enfants et qui ne demanderait pas mieux que de cajoler les vôtres de temps à autre? Proposez-lui d'aller la chercher et la reconduire chez elle pour qu'elle vienne passer quel-ques heures à la maison et profitez-en pour vous évader! Une voisine qui a un enfant du même âge avec laquelle vous pourriez échanger des services? Je garde le tien le mardi soir pendant ton cours de conditionnement physique, tu gardes le mien le samedi matin pendant que je fais les courses en amoureux avec mon mari. Tu emmènes le plus grand à ses cours de natation un samedi sur deux. Et voilà! Ça ne coûte rien et tout le monde est content.

Si les tâches ménagères vous pèsent et que vos week-ends se transforment en épuisantes séances de travaux ménagers, si vous avez l'impression de ne plus jamais avoir de temps libre, pourquoi ne pas envisager de recourir aux services d'une personne qui fera le ménage pour quelque temps? Quand bébé aura grandi, les choses seront plus faciles et, si vous voulez économiser, vous reprendrez les tâches ménagères!

Semaine du _____ au _____

Lundi

Mardi

Mercredi

Jeudi

Vendredi

Samedi

Dimanche

Les progrès de mon enfant: ....

49ᵉ semaine

Une cuillerée pour papa...

Enfin, bébé marche! Mais qu'en est-il de son appétit? Souvent, les parents d'enfants de cet âge s'inquiètent parce qu'ils mangent moins. Ne vous en faites pas. Votre enfant ne grandira plus jamais aussi vite qu'au cours de sa première année de vie. Actuellement, il pèse probablement trois fois son poids à la naissance. Il ne va pas le tripler encore au cours de la prochaine année! Il est donc normal que son appétit diminue. En plus, il est tellement occupé à marcher et à fouiller partout que la nourriture a moins d'intérêt pour lui.

Du moment que bébé est en forme et qu'il prend du poids normalement, il n'y a aucune raison de s'inquiéter. Dans le cas contraire, parlez-en au médecin.

Il faut noter que l'appétit de bébé varie, comme le vôtre. Il peut prendre de copieux repas pendant quelques jours et refuser une demi-portion par la suite. Les quantités de nourriture qu'il prend sont aussi influencées par des éléments extérieurs. Faites régner le calme pendant le repas. Pas de cris, pas de télé ni de radio bruyante. Prenez le temps qu'il faut, ne le pressez pas.

Offrez à bébé des aliments sains et nutritifs, présentés de façon attirante. S'il ne mange presque rien, donnez-lui une collation santé avant le repas suivant. Si vous lui donnez des biscuits dans l'après-midi parce qu'il n'a pas mangé son brocoli au dîner, il ne mangera pas non plus son chou-fleur au souper...

De nouveaux jeux

À mesure que bébé devient plus habile, il invente de nouveaux jeux et s'occupe de plus en plus tout seul. Il sait maintenant faire passer un jouet d'une main à l'autre sans le laisser tomber. Il adore pousser devant lui un camion ou une voiturette, debout, en marchant derrière. Il aime jouer dans le sable, mais prudence, il met tout dans sa bouche!

C'est l'âge de la surveillance de tous les instants, mais aussi des découvertes qui n'en finissent plus. Bébé fait des progrès constants... et ses parents sont fiers de lui!

Semaine du _____ au _____

Lundi

Mardi

Mercredi

Jeudi

Vendredi

Samedi

Dimanche

Les progrès de mon enfant: ....

50ᵉ semaine

Ces parents qui aiment trop

On dit que déjà, dans le ventre de sa mère, bébé ressent ses angoisses et sa nervosité. Le nouveau-né, même très jeune, sent la tension lorsqu'elle règne autour de lui. Pourquoi croyez-vous qu'il pleurait systématiquement quand vous étiez pressés, par exemple au moment de vous préparer à sortir?

Nombre de parents consciencieux veulent à tout prix protéger leurs enfants contre le moindre malheur ou petit bobo. Ils y mettent tellement d'efforts et ils deviennent tellement stressés que l'enfant peut devenir inutilement nerveux. La peur est bien mauvaise conseillère. Plusieurs parents ont tendance à s'accrocher aux peurs de leurs enfants et à les surprotéger.

Si vous agissez ainsi, votre enfant apprendra difficilement à se débrouiller seul et à développer sa confiance en lui. Vous ne voulez sûrement pas en faire un enfant anxieux et hypersensible. Laissez-le faire ses propres expériences. Vous êtes là pour le surveiller et le protéger des véritables dangers, pas pour l'empêcher de bouger. Votre enfant a besoin d'être dirigé et guidé, et non d'être continuellement couvé.

Par ailleurs, il faut toujours éviter les extrêmes. L'amour et l'indulgence sont bien différents l'un de l'autre, et si lâcher prise pour avoir la paix est plus facile, ce n'est pas une solution. Nombre de parents semblent négliger totalement leur rôle de guide envers l'enfant. Ils le nourrissent, l'habillent et lui offrent un toit, mais ne semblent pas se préoccuper de son éducation.

Pour bien grandir, votre enfant a besoin d'un cadre, et personne d'autre que ses parents ne peut le lui donner. C'est à vous de déterminer ce qui se fait et ce qui ne se fait pas, et ce, dès le plus jeune âge. Les enfants qui sont laissés à eux-mêmes n'apprennent pas à vivre en société. Or, quand l'enfant ira à la garderie ou à l'école, il devra respecter des règles de vie. Mieux vaut lui enseigner tout de suite qu'il n'est pas le centre du monde…

Il faut trouver le juste milieu entre tout contrôler et ne rien contrôler du tout. C'est une tâche de tous les jours, pas facile mais combien valorisante!

Semaine du _____ au _____

Lundi

....
....
....
....
....

Mardi

....
....
....
....
....

Mercredi

....
....
....
....
....

Jeudi

....
....
....
....
....

Vendredi

....
....
....
....
....

Samedi

....
....
....
....
....

Dimanche

....
....
....
....

Les progrès de mon enfant: ....
....
....
....
....

51ᵉ semaine

La boîte à images

Vous êtes sans doute sensible à toute la violence que l'on voit à la télévision. Que ce soit aux nouvelles, dans les films ou même dans les dessins animés, la brutalité de certaines images cause des tensions inconscientes qui fermentent tout au cours de la vie jusqu'à l'âge adulte.

Bien des statistiques font la preuve que les enfants, les adolescents et les adultes deviennent plus brutaux lorsqu'ils assistent à de nombreuses scènes de violence. Ne croyez surtout pas que votre enfant n'est pas affecté par de telles scènes parce qu'il ne comprend pas ce qu'il voit. Même si vous ne regardez pas une émission pour enfants, s'il est présent dans la pièce, il a conscience de ce qui se passe.

Les seules personnes qui peuvent empêcher un enfant d'être abreuvé de violence dès son plus jeune âge, ce sont ses parents. Vous avez un rôle essentiel à jouer. Soyez fermes dans vos choix et expliquez-en la raison aux enfants dès qu'ils ont l'âge de comprendre ce que vous dites. Gardez vos convictions intactes malgré la fatigue qui pourrait vous inciter à céder.

De toute façon, il y a tellement d'autres choses plus intéressantes à faire pour un enfant que de regarder la télé. Inventer des jeux est beaucoup plus formateur pour son esprit que de s'asseoir devant la boîte à images. Quant à sa santé, elle sera bien meilleure s'il joue dehors!

Un an déjà!

Le premier anniversaire de bébé approche. Vous voudrez sans doute souligner l'occasion d'une façon toute particulière. C'est le moment de lui préparer un beau gâteau et d'inviter toute la famille, mais aussi de vous féliciter. Regardez cet enfant que vous avez mené de la naissance à aujourd'hui. Il n'était qu'un petit être vulnérable, et voilà qu'il est devenu un enfant solide, qu'on n'ose presque plus appeler bébé. Qui joue, qui rit aux éclats, qui parle un peu et qui comprend beaucoup. Bravo! Vous avez supporté les nuits courtes et les longues journées, les inquiétudes et les périodes de découragement. Vous êtes bien récompensés!

Semaine du _____ au _____

Lundi

....
....
....
....
....

Mardi

....
....
....
....
....

Mercredi

....
....
....
....
....

Jeudi

....
....
....
....
....

Vendredi

....
....
....
....
....

Samedi

....
....
....
....
....

Dimanche

....
....
....
....

Les progrès de mon enfant: ....
....
....
....
....

52ᵉ semaine

Remarques: ....
....
....
....
....
....

Semaine du _____ au _____

Lundi

....
....
....
....
....

Mardi

....
....
....
....
....

Mercredi

....
....
....
....
....

Jeudi

....
....
....
....
....

Vendredi

....
....
....
....
....

Samedi

....
....
....
....
....

Dimanche

....
....
....
....

Les progrès de mon enfant: ....
....
....
....
....

Bibliographie

Caplan, Frank. *Les Douze Premiers Mois de mon enfant*, Montréal, Éd. de l'Homme, 1985.

Doré, Nicole et Danielle Le Hénoff. *Mieux vivre avec son enfant de la naissance à deux ans, Guide pratique pour les parents*, Québec, Centre de santé publique de Québec, 1997.

Klaus, Marshall H. et Phyllis H. Klaus. *L'Étonnant Nouveau-né*, Montréal, Éd. de l'Homme, 1990.

Lambert-Lagacé, Louise. *Comment nourrir son enfant. Du lait maternel au repas complet*, Montréal, Éd. de l'Homme, 1996.

Pernoud, Laurence. *J'élève mon enfant*, Paris, Pierre Horay Éditeur, 1987.

Unell, Barbara et Jerry Wyckoff, *Se faire obéir des enfants sans frapper et sans crier*, Montréal, Le Jour éditeur, 1993.

L'enfant et son médecin, Paris, Éd. Petite Bibliothèque Payot.

Table des matières

Notes

Notes

Notes

Notes

Notes

Notes

Notes

IMPRIMÉ AU CANADA